지구를 위해
모두가
채식할 수는
없지만

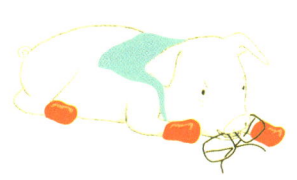

intro

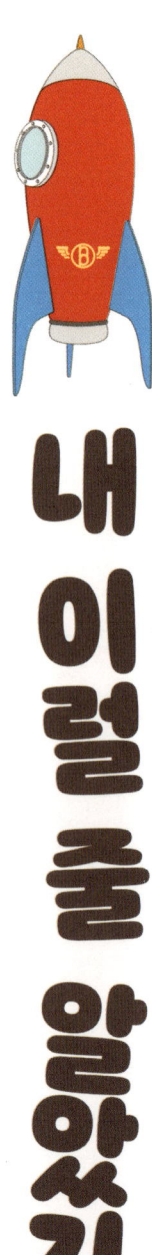

내 이럴 줄 알았쓰지

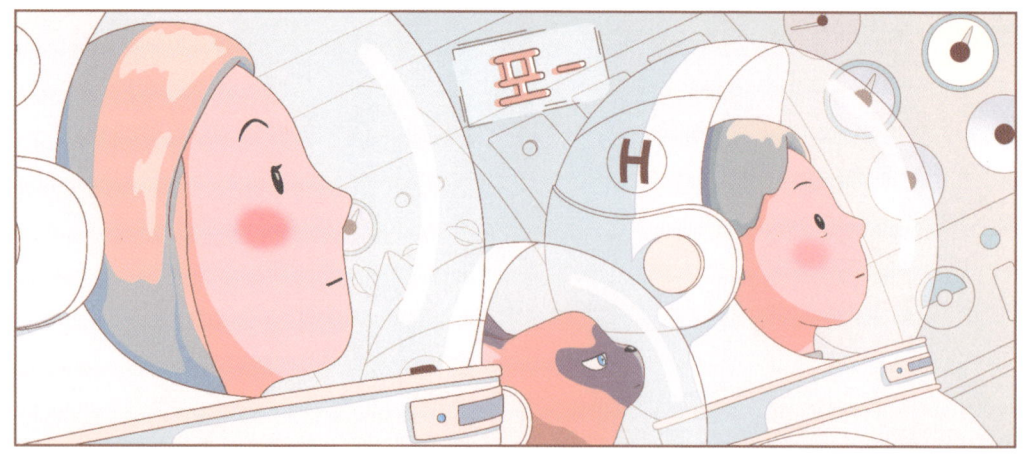
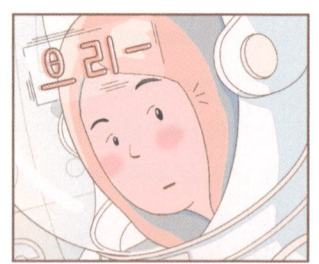

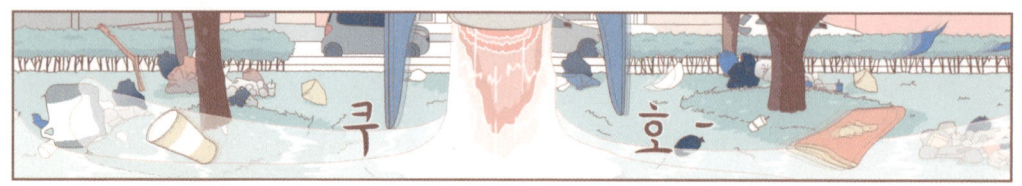

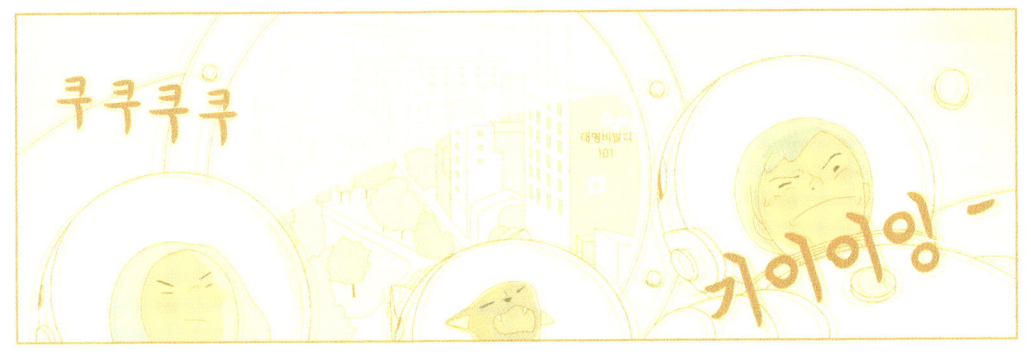

*앤디 위어의 소설 『아르테미스』에 나오는 달의 도시

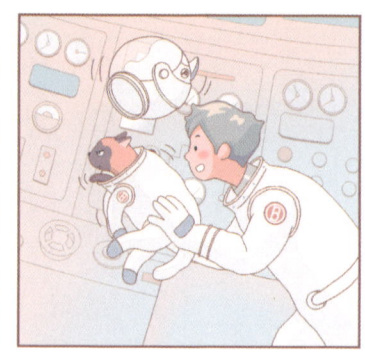

아 름
답 다

"달에서 사는 삶은 어떨까?" 하는 동경과 호기심에 출발했지만…

"지구에서의 삶은 이만큼이면 됐지." 하며 홀가분하게 떠났지만…

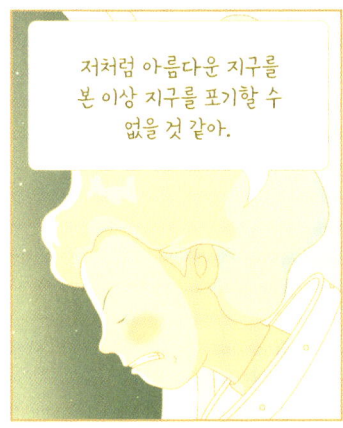

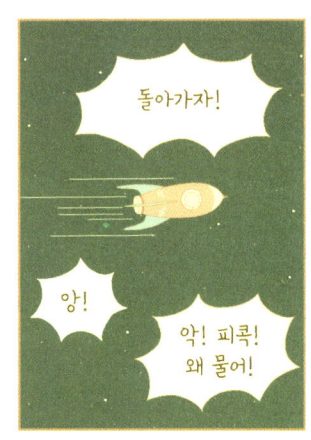

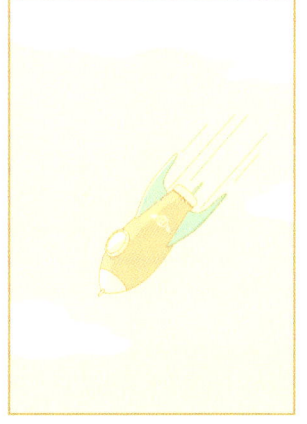

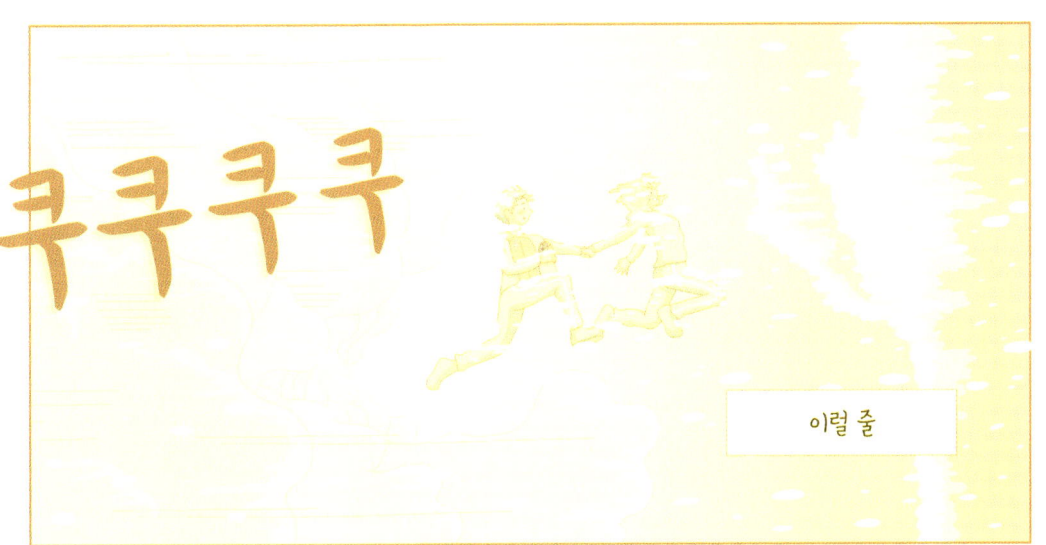

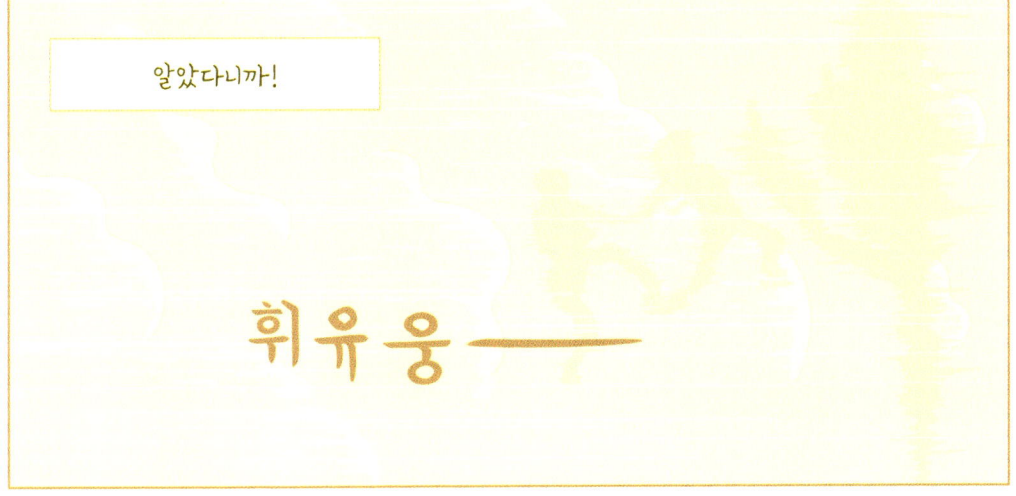

꿈이어서 다행이야!

차례

intro — 내 이럴 줄 알았지 ... 4
등장인물 ... 22

Part 1.
우리 정말 이대로 괜찮은 걸까? ... 24

3분의 1 ... 26
24,000 ... 28
301호 ... 30
다회용 비닐봉지 ... 32
붉은 용기 ... 34
안녕, 후마 ... 36
비닐을 샀더니 ... 40
쓰레기 귀신 ... 42
생수 ... 44
우리는 매일매일 ... 46
이상한 채소 가게 ... 48
스위치 ... 50
'음쓰'의 세계 ... 52
아버지와 자동차 그리고 라이방 ... 54
점점 ... 56
인류 ... 58

Part 2.
선량한 사람들의 지구 활용법 ... 60

달팽이 ... 62
김이 남긴 자리 ... 84
반려 미생물 ... 86
옛날 개그 ... 90
응답하라 1997 ... 92
어뜨(earth) ... 94
노란 봉투 ... 118
고속 충전 ... 120
앙 ... 122

Part 3.
어제보다 무해한 오늘 ... 124

모닝 루틴 ... 126
여기 붙어라 ... 128
둥근 해가 떴습니다 ... 132
달인의 지혜 ... 138
changing ... 140
자정(自淨) 산책 ... 142
= ... 144
학습 루틴 ... 148
수수께끼 ... 150
hippo ... 152
골목 여행가 ... 154
플라스틱에 관한 오해 ... 156
불미(不美) ... 158
자전거 마실 ... 160
도토리 ... 162
꽃주술 ... 164

Part 4.
고양이가 지구를 대하는 방식
166

그저	168
고양이 공원	170
종교의 다양성	172
고양이 극장	174
바람	176
바람이 불어오는 곳	178
우리가 사는 집	180
갬	186
냥심비	188
내 자식	190
고양이가 간다	192
만남	194
경의선 숲길 길고양이 안내	198
장난감	200
우리 집 입주도	202
틈틈이	204
최선	206
어떤 대화	210
제자리	212
피콕 블루	224

Part 5.
지구가 멸망하기 전에 우리가 해야 할 것들
226

찜	228
흙을 가까이	232
맥주와 물티슈	234
오메가3	236
물티슈	240
히어로즈	242
지구는 멸망하지 않습니다	262
지구를 노래해	264

outro — 어제보다 더 의미 있는 오늘   266

등장 인물

짝꿍
반가와

10의 24승 개라는 우주의 수많은 별들 중에 지구, 그 지구 중에서도 대한민국,
또 그 대한민국 중에서도 서울 마포구 연남동이라는 기차가 수시로 다녔던 동네에
여자 사람 하나와 남자 사람 하나, 그리고 샴 고양이 하나가 한 지붕 아래 모여
우리만의 우주를 구성하며 살고 있습니다. 우리 각자의 역할과 존재의 무게감은
모두 균등하며 어느 한쪽으로 기울어 있지 않습니다.
현재의 행복이 날아갈까 그 행복을 숨기려는 습성이 있고,
이런 이유로 셋이 함께 조용한 하루을 열고 또 조용히 하루을 닫습니다.
저는 '피콕'의 편한 잠자리를 위해 12년간 저의 두 다리 사이를 내주었고,
짝꿍 '반가와'를 위해선 6년째 집과 작업실 공간 절반을 양보하며 지내고 있습니다.
반가와는 항상 반갑게 절 맞아 주고 재미있는 상황에서는 걸쭉하게 웃어 댑니다.
피콕의 풀네임은 '장수피콕'인데 두 단어를 같이 부르면 된장찌개와
초콜릿을 동시에 먹는 기분이 드는 탓에 '피코옥'이라고 입을 동그랗게 모아 부릅니다.
누군가에게 해를 끼치지 않으면서 별 탈 없이 사는 게 좋습니다.

Part 1
우리 정말 이대로 괜찮은 걸까?

평균 기온이 1℃ 상승하면 생태계가 위협받고,
2℃ 상승하면 일부 생물종은 멸종한다고 합니다.
3℃ 상승할 경우 지구에 사는 생명체 대부분은
심각한 생존 위기에 처한다고 하죠.
아주 먼 이야기일까요? 아닙니다.
지금처럼 흥청망청 살다가는 고작 2035년에
'돌아올 수 없는 선'을 넘을 수 있다고 해요.
고작 십 몇 년 후에 벌어질 일이라니, 끔찍하죠.

우리 이제 조금 바뀌어야 하지 않을까요?

3분의 1

"아침이나 점심에 동물성 식품을 먹지 않으면
이산화탄소 발자국을 줄일 수 있다."
- 조너선 샤프란 포어, 『우리가 날씨다』

다른 나라 사람들보다 평균 3배 이상 소고기를 섭취하는
미국인들만의 이야기가 아닐까 생각하기 쉽지만,
그렇지도 않습니다. 우리나라의
육류와 유가공 섭취 증가량도
무시 못 할 상황이지요.

육식을 즐기는 식생활을 가진 사람이라면,
지구 환경을 위해서나 자신의 건강을 생각해서라도
하루 세 끼 중 한 끼만 고기를 먹겠다는
생각으로 실천에 옮겨 보는 것은 어떨까요?

'3분의 1'을 꼭 기억해 주세요.

24,000

서울 예술의 전당 콘서트 홀 좌석 수	2,505
서울 세종문화회관 대극장 좌석 수	3,022
2019 LOVE POEM 아이유 님 서울 콘서트 관객 수	14,000
1초당 전 세계에서 버려지는 비닐 수	24,000

301호 남자 맞지?

어, 301호

흐트러진 쓰레기 사이에 우편물도 있어.

재활용이라고 내놓았지만 재활용 될 수 있는 건 아무것도 없어.

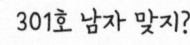

포장 용기엔 먹다 남긴 음식이 그대로이고, 나무젓가락, 마스크까지 죄다 일반 쓰레기야.

또 301호지?

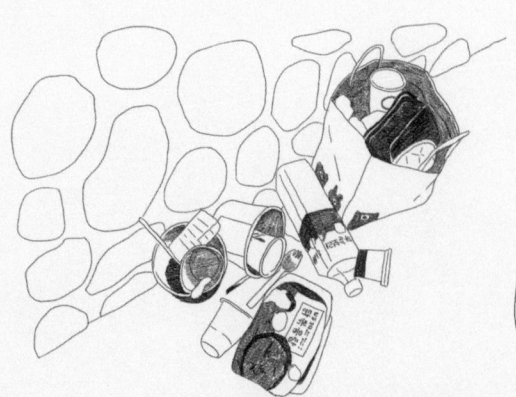

응, 상습이야.
죄책감이라고는 찾아볼 수 없어.
치밀함도 없어.
몇 호에서 버렸는지 항상 흔적이 남아.
창피함도 없다는 거지.

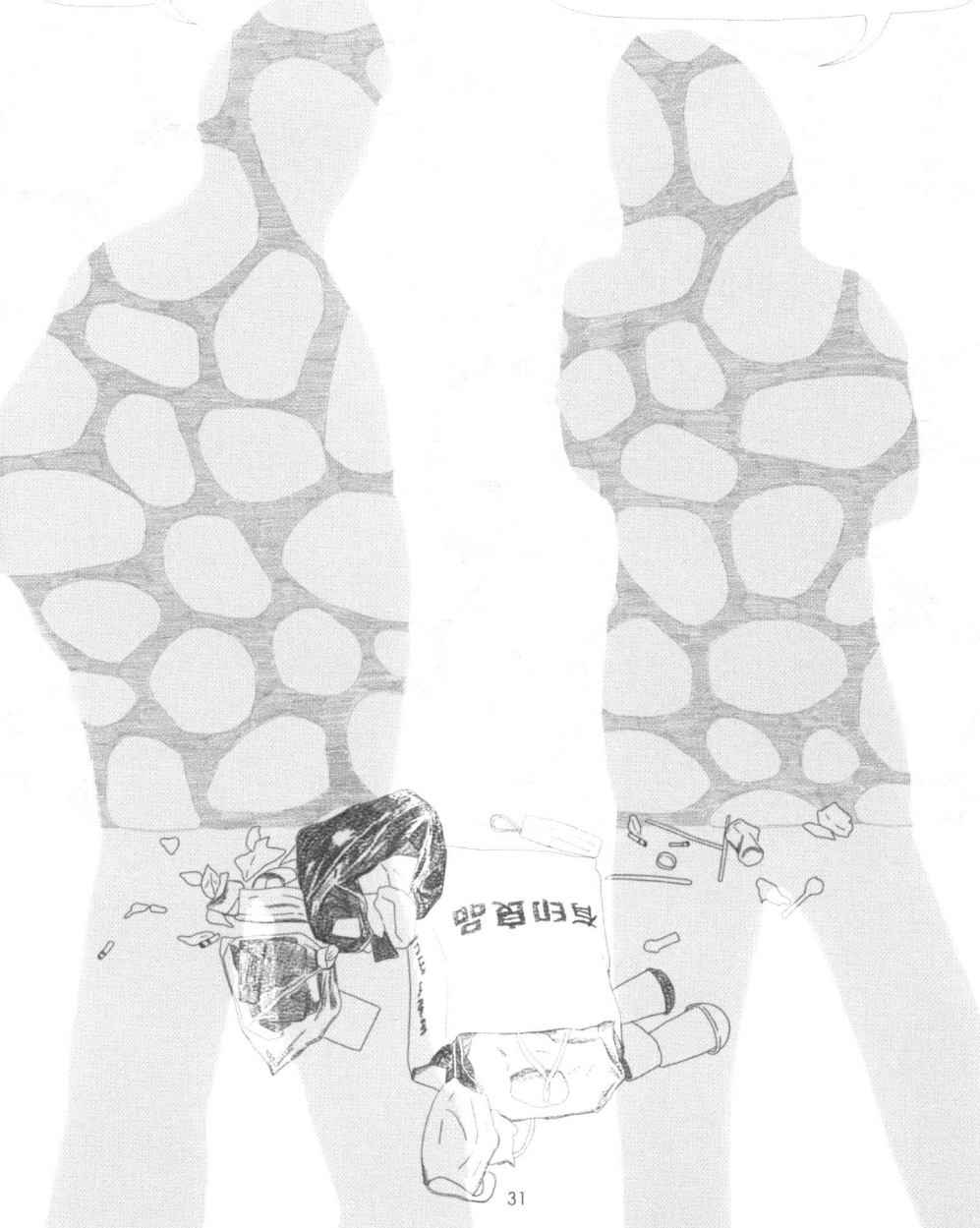

다회용 비닐봉지

살면서 비닐봉지를 아예 안 쓸 수는 없겠더라구요.
장바구니 실사용자의 경험을 바탕으로 말씀드리자면
장을 볼 때 비닐이 필요한 경우는 반드시 존재합니다.
시장에서 플라스틱 소쿠리에 담아 파는 귤이나 방울토마토를
구매할 때도 그렇고요. 장바구니 안에서 섞이면 무르기 쉬운 채소류와
잔잎이 떨어지기 쉬운 샐러리나 미나리, 흙이 잔뜩 묻은 무 등은
비닐로 따로 담아 넣어야 할 것들이지요.

그렇다고 매번 새 비닐에 담으면 쓰레기가 늘어날 테고…
그래서 저는 장바구니에 비닐 두어 장을 항상 넣어 두고
사용하는 중입니다. 정말 요긴하게 잘 쓰이고 있어요.
비닐에 흙이나 이물질이 묻으면 버리지 않고
씻어서 말린 후 다시 사용합니다.

일회용 비닐을 다회용 비닐로 사용해 보세요!

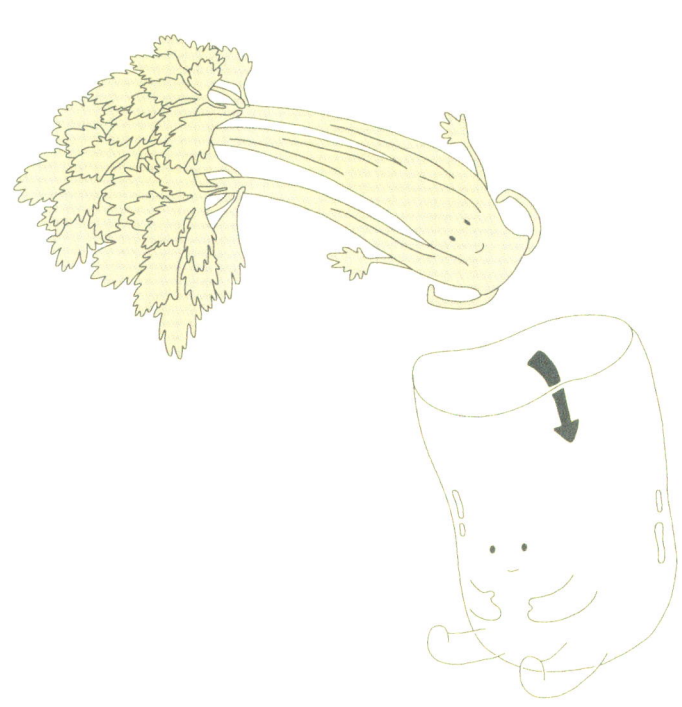

붉은 용기

예능 프로그램들을 보면 연예인들이 배달 음식을 시켜 먹는
장면이 과하다 싶을 정도로 자주 나오는 건 아닌가 하는 생각이 듭니다.
물론 배달 음식의 대세론을 부정할 수 없겠지만,
의도적인 방송 노출의 뒷면을 짐작해 보기도 하면서
달갑지 않은 시선으로 보기도 합니다.
뭐, 자유 민주주의 국가에서 내 집에서
편하게 먹겠다는데 뭐라 할 수 있겠습니까?
더군다나 공포스런 팬데믹 시대에는 당연한 모습이기도 하죠.
다만 저는 배달된 흰색 플라스틱 용기에 뜨거운 열기를 담고 있는
시뻘건 국물 요리를 볼때마다 여러 생각이 들더라구요.

"다 먹은 후 용기의 기름기는 씻어 낸 후 버리는 걸까?"
"내 몸을 좀 더 아끼고 사랑해야 하지 않을까?"
하는 생각들?

아! 저도 물론 배달 음식을 시켜먹습니다.
'치킨'과 '피자'?

뭐, 아주 가아끔.

안녕, 후마

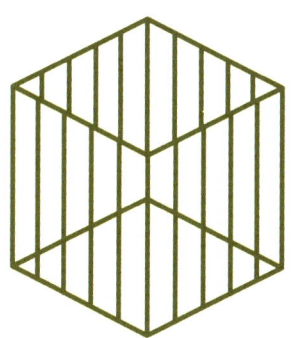

동물원(ZOO)

종 보전과 연구를 위해
필요하다 주장하기도 합니다.
하지만 그로 인해 동물 공급을 위한 밀렵과
생태계 파괴가 일어나고 있는 것 또한
현실입니다.

동물원 시설물의 존립과 폐지는
결정을 내리기 어려운 문제입니다.
그러나 동물 SHOW와
실내 동물 CAFE는 확실히 보는 이에게
불편함을 안겨 줍니다.

비닐을 샀더니

비닐을 샀더니 매트리스 토퍼가 왔다.

기왕 샀으니 요긴하고 쓸모 있게 만들어 보겠습니다.

쓰레기 귀신

단짠단짠의 무한 굴레

생수

"물을 많이 마시면 몸에 좋습니다."
이 얘기 많이 들어 보셨을 거예요. 저는 어릴 적부터 오랫동안 아토피 피부염을 앓았고, 모니터를 오래 보는 직업이기도 한 데다, 안구 건조증도 심해 조금이라도 도움이 되지 않을까 하는 마음에 물을 자주 마시고 있습니다. (지금은 꾸준한 관리로 아토피는 사라진 상태예요.) 그렇다고 꼭 이런 이유만 있는 건 아니고 물 마시는 것을 좋아하다 보니 어느새 물 마시는 게 습관이 되었습니다.
하루에 생수 2리터 정도를 마시는데, 정수기 렌탈을 해서 먹고 있어요.

빌라 계단을 오가다 보면 1인 가구 문 앞에 배달된 생수통을 볼 때가 있습니다. 여섯 개 한 묶음이 여러 덩이일 땐 많은 생각이 듭니다. 버려지는 플라스틱 쓰레기 양도 그렇고 저 무거운 걸 들고 올라오셨을 택배 기사님의 힘든 모습도 그려지죠. 적은 가족 수가 아니더라도 페트병을 사다 마시는 집도 있더군요.
(대형 마트에서 흔히 볼 수 있더라구요.)

집마다 각자 사정이 있겠지만, 비용이 적게 든다는 게 이유라면 고민을 좀 해 보시는 게 어떨까 싶어요. 저의 경우 정수 기능만 있는 정수기 렌탈을 하는데, 제휴 카드를 적용해서 만 원 안팎의 사용료를 내고 있습니다. 물도 많이 마셔서 비용이 아쉽지는 않아요.

그렇다고 꼭 정수기 사용이 마음 편한 건 아닌 것 같아요.
석 달에 한 번씩 기사님이 오셔서 필터를 교체해 주시는데,
그때 사용된 플라스틱 필터는 어떻게 처리되는지 알 수 없잖아요.
하지만 이 부분은 기업이 해결해야 하는 부분이고,
우리는 일회용 플라스틱 배출을 줄이는 데
노력해야 하지 않을까 생각합니다.
무엇보다 몸을 위해서 물을 많이 드셨으면 해요.
나를 아끼는 습관은 곧 지구를 지키는 습관이 됩니다.
피콕도 물 많이 마시렴~

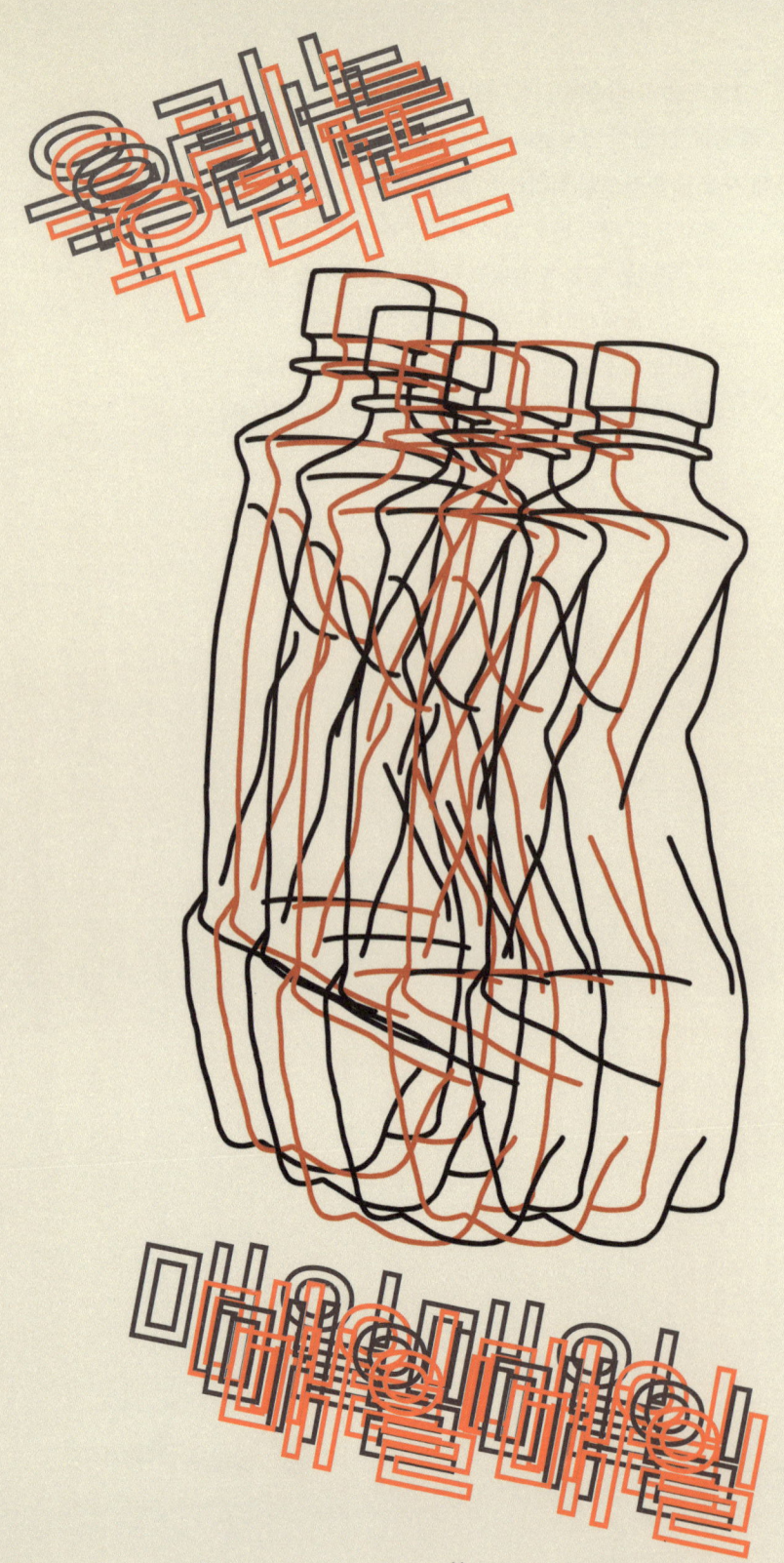

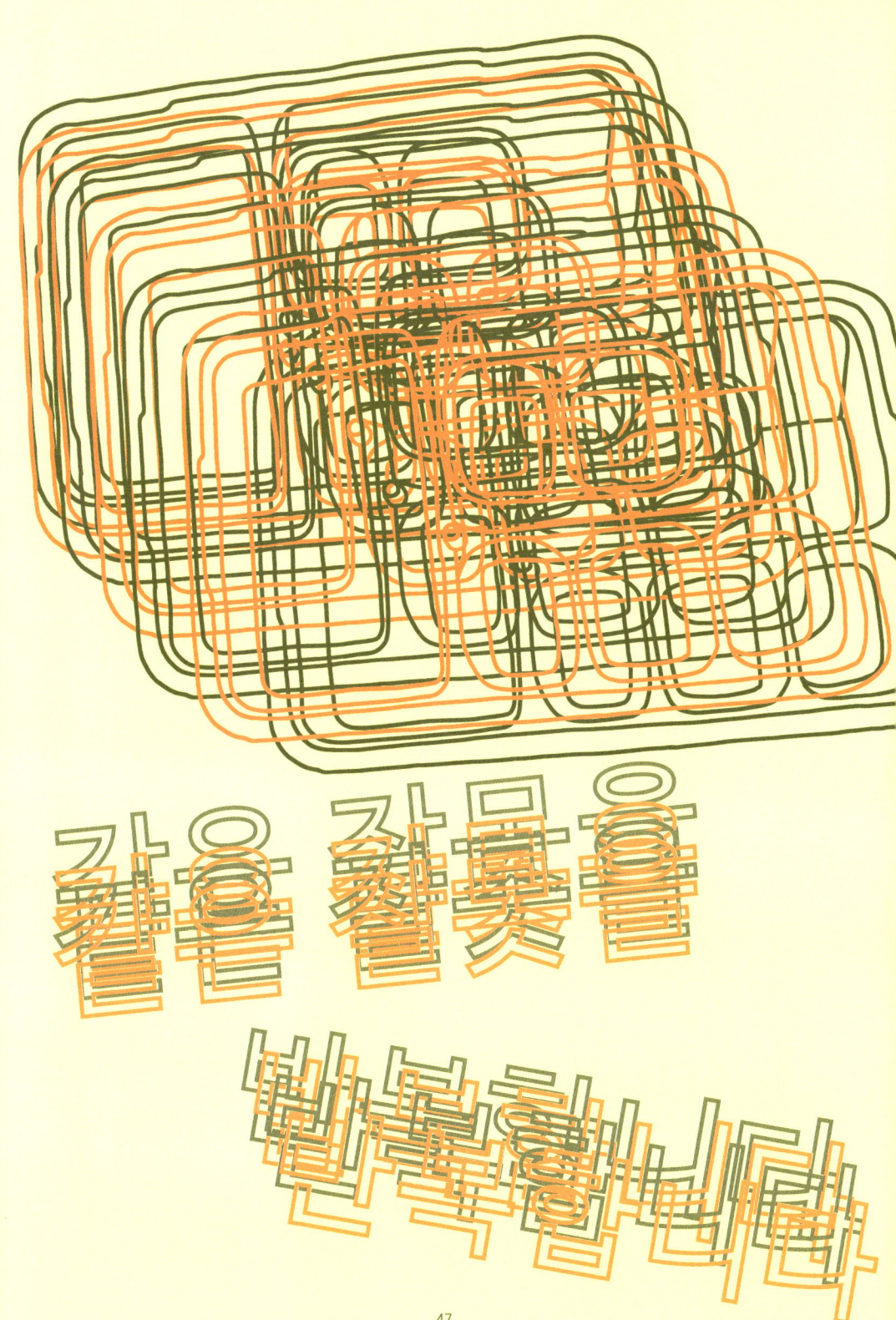

이상한 채소 가게

출퇴근하는 길가에 생긴 채소 과일 가게에 관한 이야기를 해 볼게요.
한동안 공실이었던 공간에 아무런 인테리어 공사 없이
투박하게 채소, 과일들을 펼쳐 놓고 장사를 시작한 한 가게가 있었습니다.
20미터 정도의 지근거리에는 대기업 소형 마트가 있었지만 매우 저렴한
가격을 무기로 마트와 경쟁하는 점포가 되지 않을까 예상했습니다.

처음 심정을 밝히자면, "횡재했다!"였어요. 마트 가격보다 훨씬 저렴했거든요.
저와 반가와는 간판도 없는 그곳을 '이상한 채소 가게'라는 이름으로 부르기 시작했죠.
현금만 받는 집이어서 불편한 점이 없는 건 아니었지만 마트 가격의 반값에 해당하는
상품들을 구매할 수 있다는 아주 큰 장점 때문에 자주 애용하게 되었습니다.
가격이 저렴한 이유는 소위 '못난이라 상품성이 떨어진다.'인 것 같아요.

예를 들어, 애호박 같은 경우 모양을 잡아 주는 비닐 포장이 없어
일자로 곧게 자라지 못한 제품을, 사과 역시
모양이 일정치 않거나 흠집이 있는 것을 팔죠. 샐러리나 쌈채소 들은
출시 시기가 늦어 조금 억세다는 이유로 저렴한 가격이 매겨져 있죠.
물론 싸다고 다 좋은 것은 아니었습니다. 몇 번의 시행착오 끝에
뻣뻣해 보이는 샐러리나 채소류는 구매를 보류하고 모양이 불규칙한 과일이나 호박,
감자들은 서슴없이 구매해 잘 요리해서 먹고 있습니다.

아차차! 중요한 걸 하나 빼먹을 뻔했네요. 위에 언급한 채소,
과일들을 마트에서 구매했다면 최소한 다섯 개의 비닐, 스티로폼, 박스 등의
포장재 들이 생겼을 거예요. 하지만 다행히 저는 '이상한 채소 가게'에서
개성 강한 녀석들을 고른 덕분에 비닐 없는 장보기를 실천할 수 있게 되었답니다.

스위치

진퇴유곡

진퇴양난

낭패불감

기호지세

사면초가

있잖아. 매번 음식 준비를 할 때마다, 재료를 준비할 때마다 버려지는 '음쓰'의 양이 말도 못해.

어떨 땐 그냥 사 먹는 게 낫지 않을까 하는 생각이 들기도 하고.

하지만 식사를 밖에서 하다 보면

그에 따른 부작용들도 많이 발생하는 거잖아. 그 얘기는 앞으로 차차 할 테고 지금은 음식물 처리기를 살까 말까 고민 중이지.

아버지와 자동차 그리고 라이방

자동차가 저를 대변한다고 생각해 본 적은 없습니다.
신발처럼 이동을 쉽고 편하게 도와주는 도구라 여기죠.
그래서인지 차에 대해 크게 미련을 두고 살지는 않았습니다.
저희 아버지는 당신께서 새 차를 타고 싶으시면 타시던 차를
저에게 물려주곤 하셨죠. 그렇게 해서 제가 탔던 두 대의 RV차 모두
아버지 손에서 제 손으로 이어지면서 20년 이상을 달렸습니다.
두 번째 물려받았던 차는 아버지께서 하늘나라로 가신 후로는
아버지의 체취를 느낄 수 있는 흔적이기도 했습니다. 아버지
장례를 마치고 며칠 후 차문을 열었을 때 왈칵 눈물이 쏟아지던
기억이 나네요. 의지 없이 흐르는 눈물이 있다는 걸 그때 처음 알았습니다.

어느 날 서울시로부터 이런 공문을 받았습니다.
"2019년 2월 15일부터 고농도 미세먼지 비상 저감 조치 발령으로
배출가스 5등급 차량 운행 제한을 실시합니다."
20년 이상 달린 경유차가 그동안 얼마나 많은 배출가스를 내뿜고 다녔을까요?
이때다 싶어 차를 폐차하기로 결심했습니다. 그러면서 현재 저에게 차가 정말 필요한지
묻게 되더라고요. 피콕 병원 가는 일, 대형 마트나 겨울이 되면 가끔 가는 스키장 말고는
대중교통을 이용하는 편이어서 차는 없어도 되겠다고 생각했습니다.

국가가 환경을 위해 시행하는 단호한 조치는 언제든 환영합니다.

I·SEOUL·U 　　　　　서울특별시

　　　　　　　　　　귀하
수신
(경유)
제목　　미세먼지 저감 및 관리에 관한 특별법 시행에 따른 안내

1. 서울시 미세먼지 저감을 위해 협조해 주신 차량 소유자께 감사드립니다.
2. 미세먼지 발생을 지속적으로 관리함으로써 미세먼지가 국민건강에 미치는 위해를 예방하고
   쾌적한 생활환경을 조성하기 위해 정부에서는 「미세먼지 저감 및 관리에 관한 특별법」을 제정
   (2018.8.15) 하였고, 서울시는 동법 시행령과 조례에 따라 2019년 2월 15일부터 고농도 미세

피콕이 동물병원 갈 때는 택시를 이용하게 되었고,
대형마트는 대중교통을 이용하니 정말 필요한 물품만 구매하게 되더라구요.
가끔 가는 스키장이야 동생 차를 빌려서 가면 되겠다 싶습니다.

환경을 생각해서 전기차를 타 볼까 생각도 해 봤는데, 차를 만드는
공정이 환경에 해를 끼치는 일이니 일단 뚜벅이로 계속 살아 볼까 싶어요.
저야 걸어서 출퇴근하는 입장이니 다른 사람들보다는 조금 더 수월하게
결심할 수 있었던 것 같습니다. 하지만 나중에 만약에…
아이가 생긴다면 깊이 고민해 봐야 할 문제이기도 합니다.

그렇게 폐차를 결정하고 차 안을 정리하니 그 안에
아버지의 '라이방' 자고 있었습니다. 제 취향은 아니라 사용하진 않고
아버지의 유품으로 잘 간직하고 있습니다.

점점

 1초마다 24개의 점이 생긴다 칩시다.

 2초 후에 48개의 점이 생깁니다.

 4초 후에 96개의 점이 생깁니다.

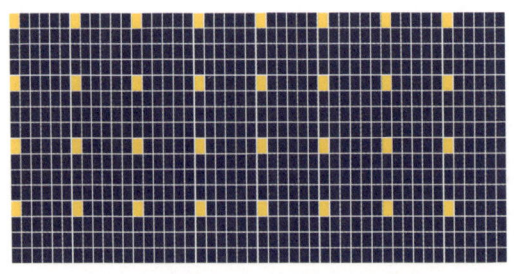 32초 후에 768개의 점이 생깁니다.

*플라스틱 쓰레기는 지금 이 순간에도 기하급수적으로 늘어나고 있는 중입니다.

인류

Part 2
선량한 사람들의 지구 활용법

지구를 위해 각자의 자리에서 조금씩
할 수 있는 것들을 해 나가는 사람들이 있습니다.
그게 작디작은 생명을 보살피는 일일 수도,
비닐 하나를 재활용하는 일일 수도,
음식물 쓰레기를 조금이라도 줄이기 위해
궁리를 하는 일일 수도 있죠.

지구를 위하는 일은
아주 작은 곳에서부터 시작됩니다.

달팽이

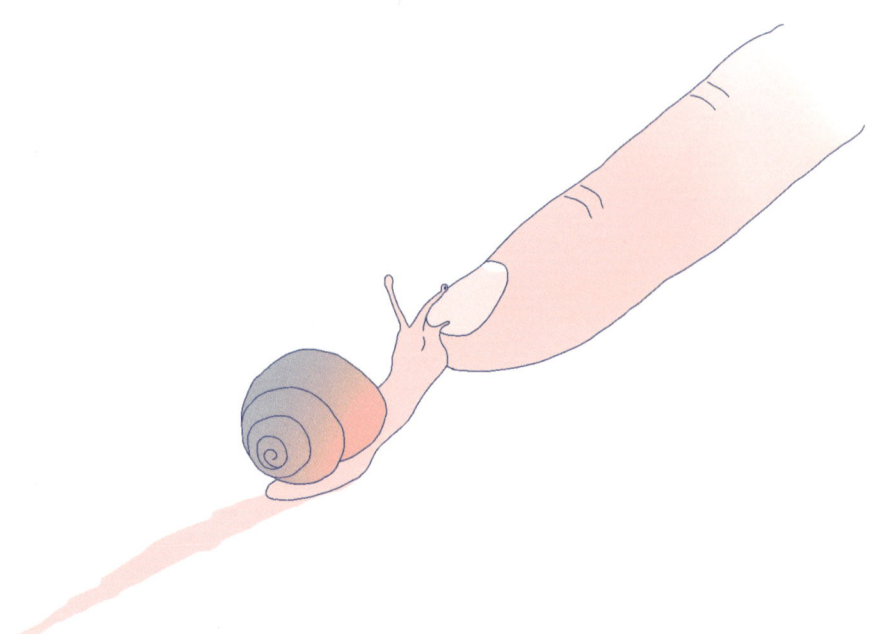

그쳤네…

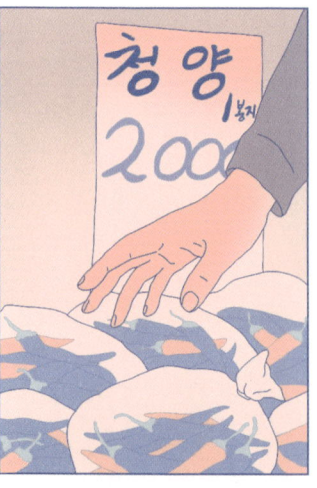

비가 다시 올 듯한데…

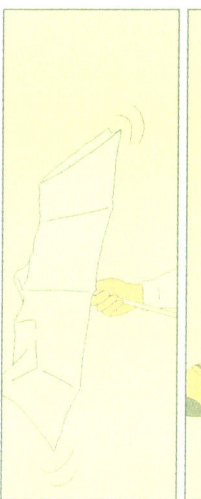
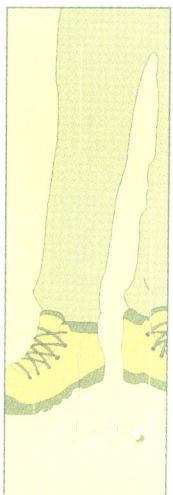

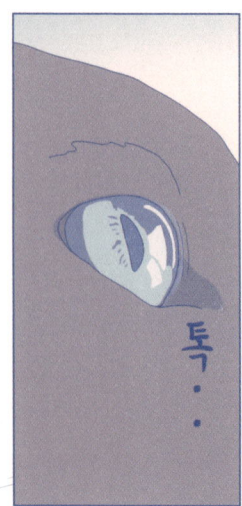

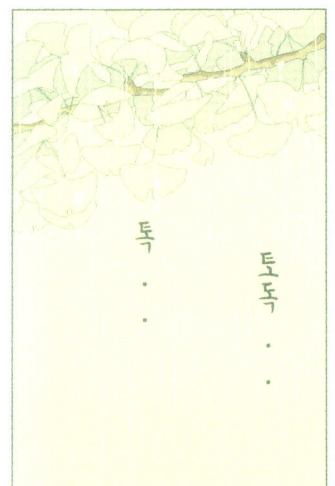
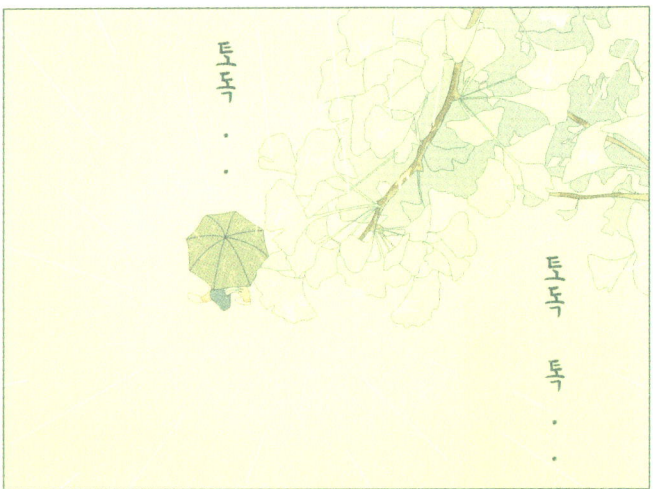

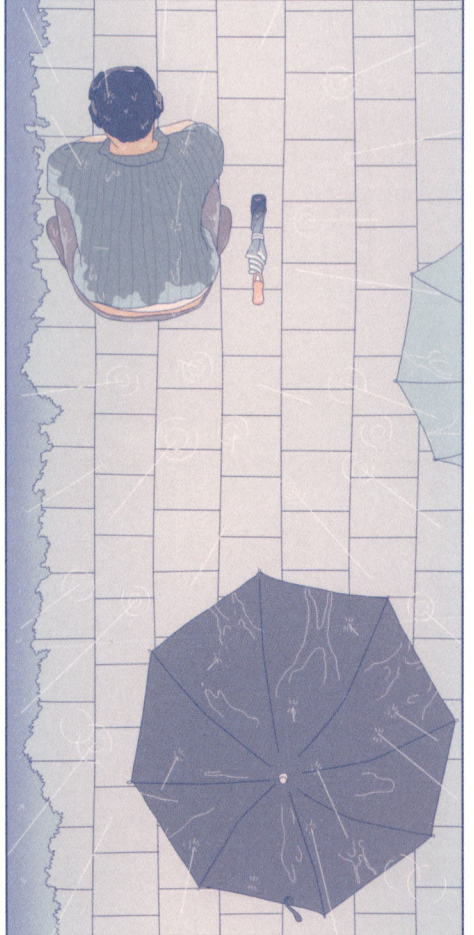

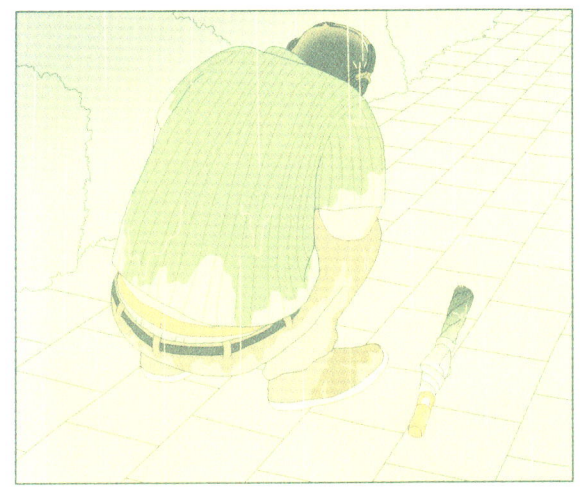

집을
나서며

모험을 떠나는 아침

우연히 | 마주친 | 이 존재 | 덕분에 | 헤… 오늘 하루

* 이 이야기는 실화를 바탕으로 각색하여 그렸습니다.

엄마! 창문을 안 닫았나 봐…

쭈욱—

잘 자렴, 피콕…

김이 남긴 자리

"오빠 들어올 때 김 좀 사다 줘."
홍제천변을 달리는 중에 짝꿍에게서 전화가 왔습니다.
러닝을 마치고 마트 방향으로 걷다 달리다 합니다.
20봉 한 묶음으로 포장된 도시락 김을 집어 들 때마다
부피에 비해 무게감이 없어 살짝 당황하곤 합니다.
먹는 건 금방인데 크기는 참 만만치 않다는 생각이 듭니다.

저도 김을 참 좋아합니다. 그런데 김을 먹어 볼까 하면 이미
김은 사라졌습니다. 짝꿍이 워낙 김을 좋아하거든요.
발 빠르게 움직였어야만 했는데 왠지 껄끄러운 마음에
주춤하다 시기를 놓쳤던 거예요. 개별 포장을 뜯을 때마다
나오는 플라스틱 용기에 먹을 용기가 좀처럼 나질 않더라구요.
"다음부터는 플라스틱 용기 없는 큰 봉지 김을 사 먹자."
여러 번 나눠 먹어야 해서 중간에 눅눅해지는 걸 알면서도
쓰레기를 줄일 수 있는 방법을 선택해야겠습니다.
설거지할 때 봉지를 벌려 스윽 기름기를 닦아 내고 말리면 배출 준비 끝!
집 떠나간 A4 사이즈의 김 봉지가 분리수거가 될지는 미지수이나
할 수 있는 만큼은 해 보자고요.
다음은 직접 김을 구울까 싶습니다. 도전!

반려 미생물

1일 2식을 합니다.
두 끼 중 아점으로 먹는 한 끼(오전 11시 반~12시 사이)는
제 몸속에 있는 요 미생물 녀석들을 위한 한 끼이고,
저녁 한 끼(오후 7시 전후)는 저를 위한 일반식을 하죠.

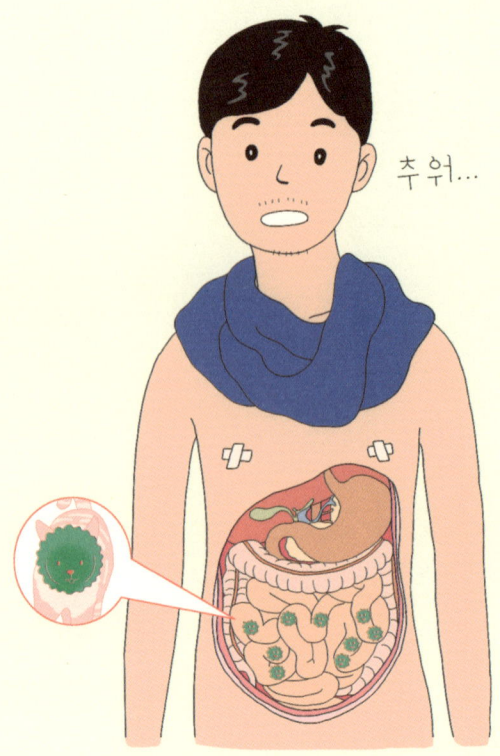

미생물 녀석들이 충분히 배가 불러야만
장벽을 이루는 세포들의 에너지원이 만들어집니다.
그 세포들이 장벽을 강화하고 면역력을 증진시킨다 하니
길고양이들에게 먹이를 건네주듯이
장내 유익균들과도 공생관계를 유지하는건 어떨까요?

"얘들아."

"밥 먹자!"

옛날 개그

야, 안 돼~
그렇게 '단짠단짠'을 반복하면, 엄청난 일이 벌어진다고.
달달한 와플에 생크림 듬뿍 발라 먹으면, 인간관계에서
오는 스트레스가 풀리는 것 같고 일시적으로 기분이 좋아지지?
잠깐 행복해지지? 그럼 혈당이 확 올라가겠지?

단 음식을 먹었으니 이젠 필수 코스인 라면을 먹겠지?
짭짤한 라면을 먹으니 단맛의 느끼함이 사라지는 것 같지?
단순 당을 먹었으니 또 순간 혈당이 확 올라가겠지?
짠 라면을 국물까지 마셨으니 소화를 시켜야 될 거 아니야.
그럼 시원하게 콜라나 사이다로 마무릴 해야겠지?
다시 혈당이 올라가겠지?

저녁이 되면 다시 달고 짠 치킨이 당기겠지?
치킨만 먹겠어? 치킨 무도 먹고 다시 콜라나 맥주 한 잔 해야겠지?
혈당이 또 올라가겠지?

그럼 매 끼니마다 식후 혈당이 올랐다가 떨어지는 게 반복되겠지?
그럼 인슐린이 과다 분비됐다가 급격히 혈당이 떨어지면
또 허기가 생겨 음식을 과도하게 먹는 악순환이 반복되겠지?

그럼 몸의 호르몬 시스템이 망가지고, 순차적으로 인슐린 분비
장애도 오고, 고혈압, 대사 증후군, 지방간, 고지혈증이 생기겠지?
그러다 보면 나중에 심혈관 질환으로 이어지고 우울감도 생기겠지?

내 몸만 망가지겠어? 과자 봉지, 초콜릿 포장지, 라면 봉지,
음료수 캔, 페트병 쓰레기가 매일 발생하겠지?
그럼 내 몸도 아프고 지구도 아파지는 거겠지?
자신을 사랑하지 않으면 이걸 반복하게 되겠지?
그럼 우린 인생을 병과 싸우면서 낭비하게 된다고.

응답하라 1997

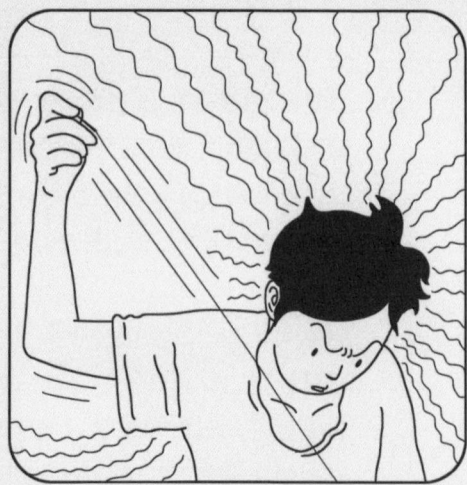

1997년도 무렵, 친환경 화장품을 판매하는 매장이
홍대 주변에 입점했을 때, 오픈 행사로
그 회사 로고가 새겨진 장바구니를 나누어 주었어요.
그때 받았던 장바구니를 의식하고 사용한 것은 아니지만,
보수하고 또 보수하면서 지금까지 써 오고 있습니다.
이것이 24년 동안 저의 '장보기 메이트'였습니다.

(이 책에도 자주 등장할 예정!)

어뜨(earth)

*어뜨: 하루치가 그리고 쓴 그림책『어뜨 이야기』의 주인공

이 영상을 같이 볼까 해서 불렀어.

너의 이야기를 만든 이후 방송된 다큐멘터리*야

*KBS 스페셜 「북태평양 쓰레기 지대를 가다」 (2019년 9월 19일 방송)

이 분은 알귀타호의 선장 찰스 무어 할아버지야.

『어뜨 이야기』를 준비하면서 많은 도움을 받았던 『플라스틱 바다』의 저자 이기도 해.

1994년, 무어 선장님은 사업에서 은퇴한 후 생태계를 지키기 위한 활동을 시작했어.

이때 알귀타호를 만들었고 1997년에 LA에서 하와이까지 가는 세일링 대회에 참가하게 돼.

대회를 마친 후 LA로 돌아오는 여정에서 바람길을 타고 가는 다른 배들과 달리 알귀타호의 무어 선장님은 엔진을 시험하기 위해 무풍지대를 통과하기로 했지. 그때 놀라운 광경을 보게 돼.

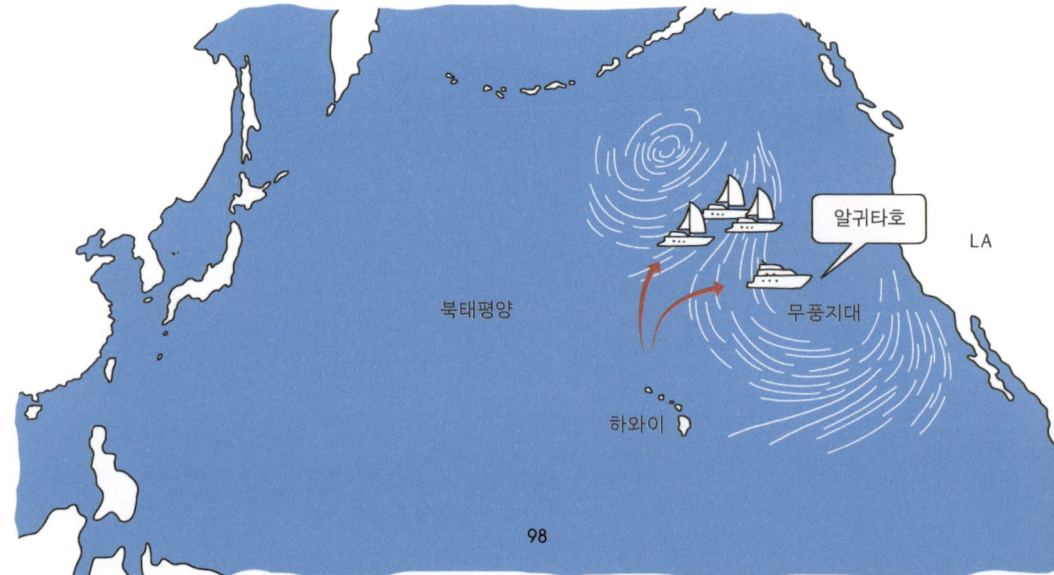

육지와 수천 Km 떨어진 이곳에서
많은 쓰레기들을 발견하게 된 거야.

당시 그는 "이 많은 쓰레기가
왜 여기에 있는가?" 하는 의문을 품었대.

그리고 2년 뒤인 1999년에 탐사대를 꾸려
다시 이곳을 찾았어.

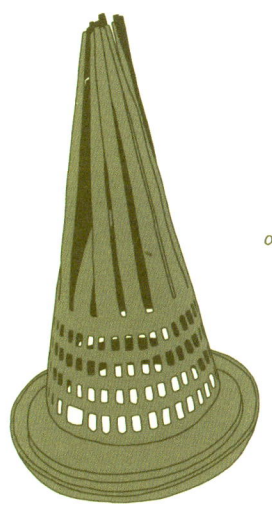

그는 많은 프라스틱 쓰레기와 다시 마주치게 돼.

영상을 보고 있으면 건져 올린 수많은 플라스틱
쓰레기 가운데 유독 눈에 띄는 것이 있어.
어업에 쓰이는 플라스틱 부의(浮蟻)와 스티로폼 부표,
용도가 무엇인지 알 수 없는 고깔 모양의 작은
구멍들이 송송 뚫려 있는 물체들…

"어디서 본 듯한데…"
하고 생각하는 사이에 화면이 바꿔어.

바로 전라남도 신안군 해안가야.

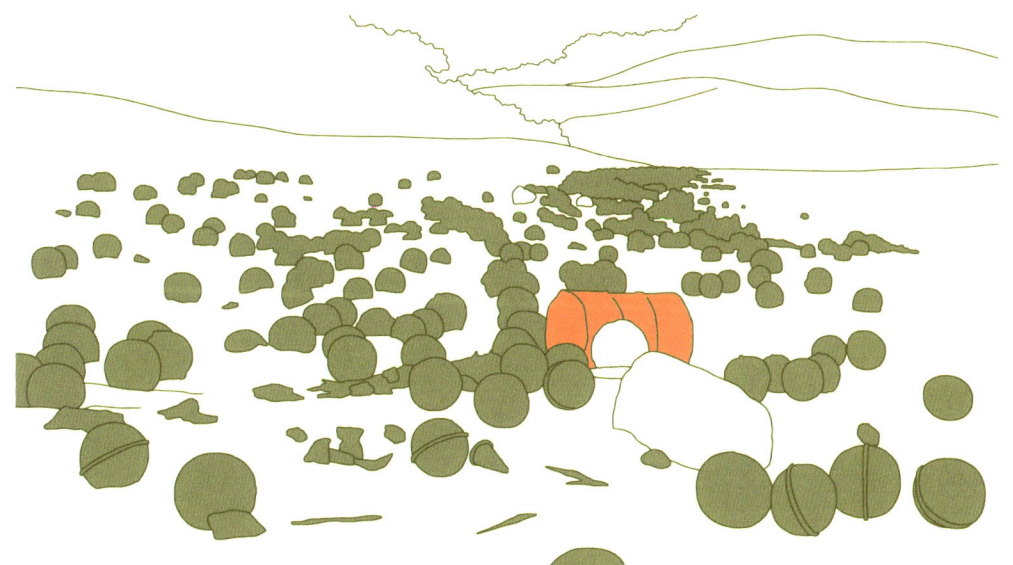

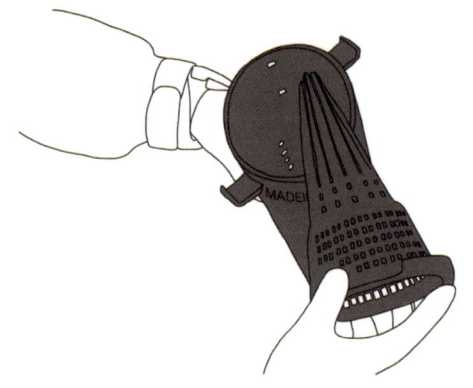

이곳에서도 마찬가지로
북태평양 쓰레기 지역에서
발견된 것들을 쉽게 찾을 수 있어.
고깔이 끼워진 원통형 플라스틱 옆면에는
'MADE IN KOREA'가 새겨져 있었던 거야.

이어서 이곳 주민의 인터뷰가 이어져.

"이것은 국산이에요."
.
.
.
바로 국산 '장어 통발'이라고 해.

보통 장어잡이 배들은 한 번에 수백 개의 통발을 바다 바닥에 뿌려 놓는다고 해.

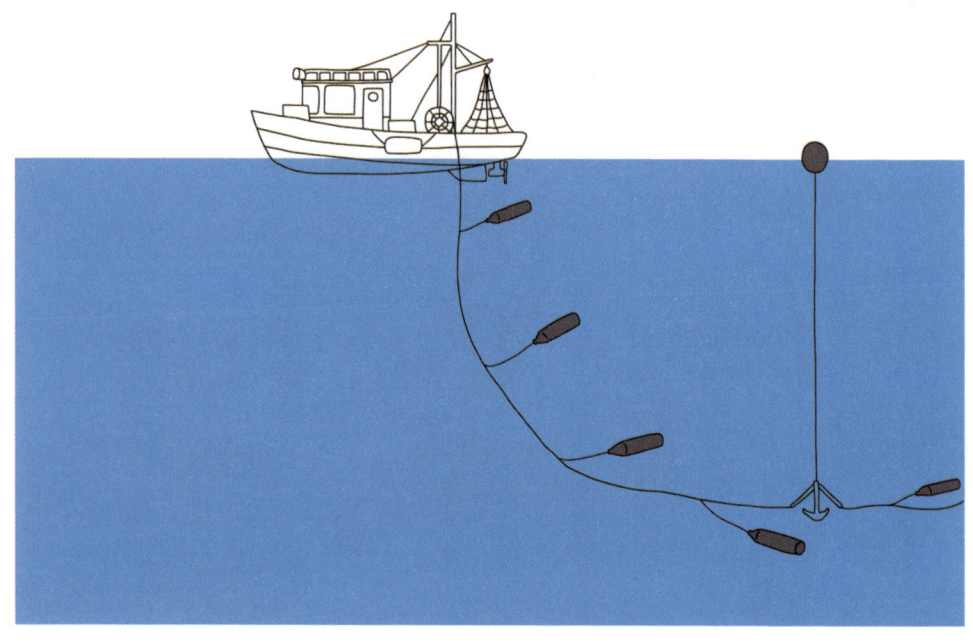

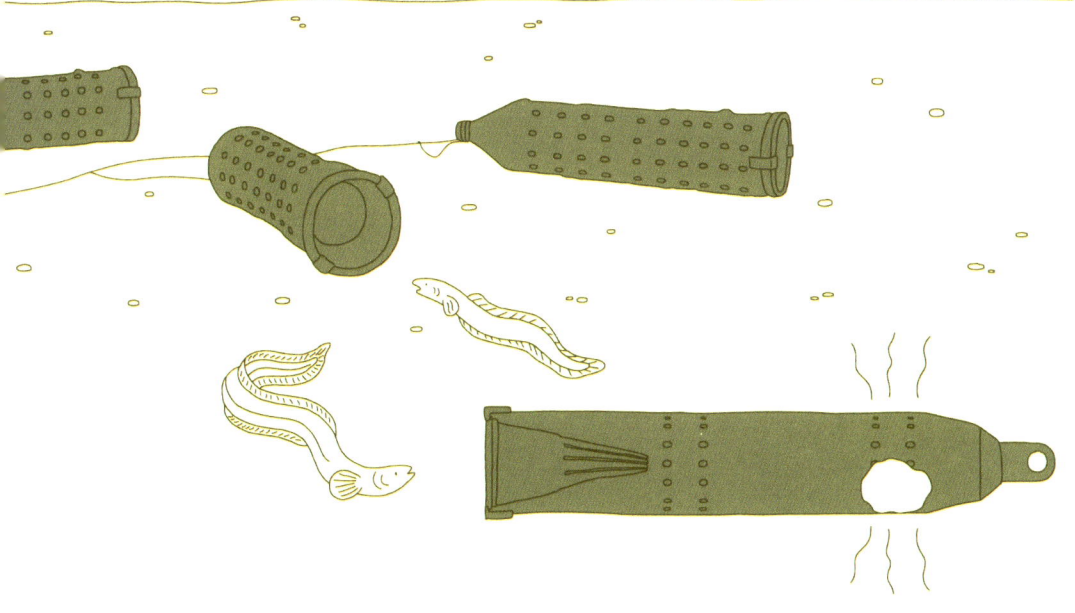

그러면 장어들이 통발 안에 있는 미끼의 냄새를 맡고 그 안으로 들어가는 거지.

문제는 통발을 끌어올릴 때 물의 저항으로 줄에서 떨어져 나가는
것들이 생기게 된다는 거야. 더 놀라운 건,
한 배에서 떨어져 나가는 통발의 개수가 하루에 300~500개라는 얘기야.

어때? 놀랍지 않아?

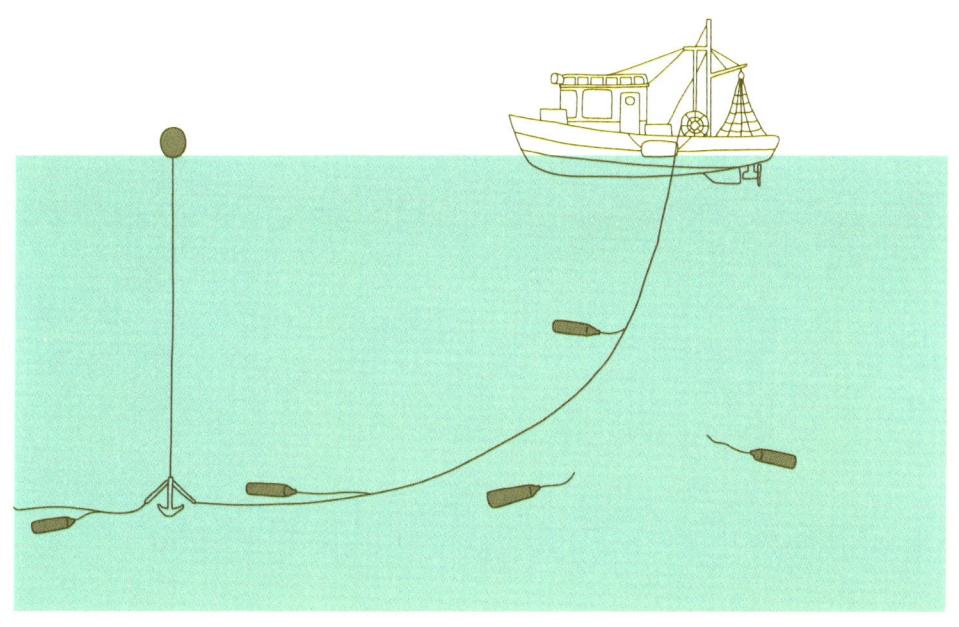

그 지역과 가까이 접하고 있는 하와이 해변은 플라스틱 쓰레기와 조각들로 몸살을 앓고 있어.

여기 보이는 가오리 같은 물체는 만타트롤이라는 거야.
원래는 바다 표면에 사는 플랑크톤 채집을 위한 실험 도구인데,
무어 선장님은 20년 전부터 이 기구를 이용해 바다 위에 떠 있는 미세 플라스틱을 관찰하셨어.
그 안을 들여다보면 가로 1미터의 트롤 구멍에 걸려든 미세 프라스틱이 엄청 많이 보여.

병에 담긴 부유물이 모두 바다에서 건진 미세 플라스틱이야.
무어 선장님은 이걸 '플라스틱 수프'라고 불러.

프라스틱이 바닷물에서 이미 분해가 됐다고 주장하는 의견도 있어. 과학자들이 5개의
폴리스티렌을 바닷물에 넣은 후 태양광과 유사한 인공 조명에 노출시킨 결과, 폴리
스티렌이 유기탄소와 이산화탄소로 분해되었다고
이야기를 해. 이 과정을 통해서 결국 플라스틱은
사라진다는 거야.

하지만 전문가들의 의견은 이것과 상충돼. 플라스틱은 사라지지 않고 미세하게 존재한다는 거지. sns나 여러 매체에서 봤을 거야. 비닐을 해파리로 오인해서 먹은 거북이라든지, 비닐봉지에 엉켜 죽어 있는 물고기들 말야. 죽은 동물들에게는 미안한 말이지만, 이렇게 눈에 보이는 플라스틱 덩어리가 잘게 부서져 미세한 덩어리로 수많은 물고기 뱃속에 들어가는 것 보다 나을 수 있다고 해. 눈에 보이지 않는 피해가 더 위험한 상황이란 말이지.

해마다 바다에 버려지는 플라스틱 양이 늘어
2050년에는 중량 기준 바다에 사는 모든 생명체와 같아질 거라는 의견도 있어.

라켈 해양 연구원은 조그마한 채집망으로 미세 플라스틱을 건져 보려고 애를 쓰지만 그걸로는 해결이 안 돼. 플라스틱 조각들은 바다 위에 끝없이 펼쳐져 있으니까.
그는 배 위로 올라와 오열해. 보던 나도 마음이 크게 요동치더라.
전 세계에서 버려지는 엄청난 쓰레기의 양을 어떻게 그들의 손으로 막을 수 있겠어.
일부의 의지와 노력만으로는 너무도 미약한 해결 방법인 거야.

*「씨스피라시」: 수산업이 환경에 끼치는 영향의 실체를 고발하는 다큐멘터리 영화

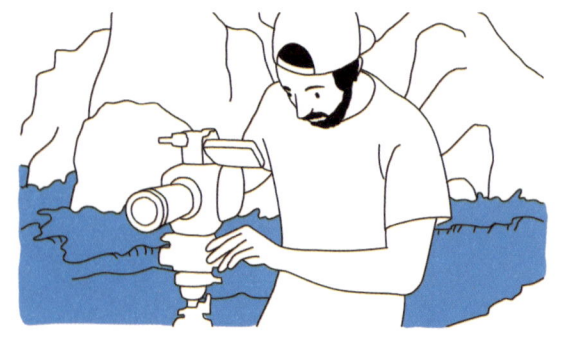

어릴 적부터 바다를 사랑했던 알리 타브리지는 성인이 되어 바다를 주제로 한 다큐멘터리를 촬영하게 돼. 그러나 그가 마주한 실체는 실로 충격적이었어.

그동안 우리는 해양 플라스틱 오염의 주 원인을 프라스틱 빨대라고 여겨 왔어. 왜냐하면 여러 환경 단체들이 원인이라 지적하고 많은 매체를 통해 그렇게 알려 왔거든. 하지만 프라스틱 빨대는 바다 쓰레기 중 불과 0.03%에 불과하다고 해.

우린 크게 오인하고 있었던 거지.

이 다큐멘터리는 바다 쓰레기의 절반에 가까운 46%의 플라스틱 쓰레기가 모두 '어망'이라고 고발하고 있어. 상업적 어업에 쓰이는 그물이 바다를 병들게 하고 있는 거지.

이전에 본 영상 속 장어 통발도 이 46%에 포함되는 거야.

0.03%

46%

이제 영상은 다시 재개된 일본의 상업적인 고래사냥의 실태를 보여 줘. 고래를 잡는 일이 바다에 얼마나 악영향을 끼치는지 알아보기 위해 알리 감독은 악명 높은 포경지인 '다이지'에 잠입 취재를 해. 감시망을 피해 그는 수많은 돌고래들이 좁은 만에 갇혀 무자비하게 학살당하는 현장을 포착했어. 수면 위로 퍼지는 돌고래들의 피를 봐. 너무 끔찍하지 않아?

그렇다면 일본은 왜 그렇게 수많은 돌고래들을 사냥하는 걸까?

그 이유는 바로 참다랑어의 어획량을 늘리기 위한 거였어. 먹이 경쟁자인 돌고래를 없애면 당연히 참다랑어의 수가 늘어 더 많이 잡힌다는 계산이었던 거지.

유튜브에서 한 번쯤 보고 들은 경험들이 있을거야. 일본에서 공수된 얼지 않은 생참치를 현장에서 분해하고, 사진 찍고, 썰고, 먹고, 마시고 하면서 나를 위한 플렉스였다고 외치는 장면들 말이야. 돌고래 수십 마리의 목숨과 맞바꾼 플렉스였던 거지. 모르고 그렇게 했을 거야. 알고 나서가 중요한거라고 생각해.

무분별한 남획으로 참다랑어가 멸종 위기를 겪기 시작했어. 그리고 이 배후에는 누구나 이름만 들어도 금방 알 수 있는 전범 기업이 있어. 이 영화는 이들이 남획하는 것이 비단 참다랑어뿐만 아니라 상어도 있다는 것을 포착해.

한 접시에 수십만 원에 달하는 샥스핀을 위해 수많은 상어들이 지느러미만 잘린 채 바다에 버려지고 있는 거지.

상어는 바다를 건강하게 하는 상위 포식자 중 하나잖아.
상위 포식자인 상어가 사라지면 그 밑의 포식자들이
급증했다가 먹이 부족으로 사라지게 되고 다시
그 밑 단계의 포식자들이 급증했다 먹이 부족으로
사라지는 먹이사슬의 종말이 다가오게 돼.

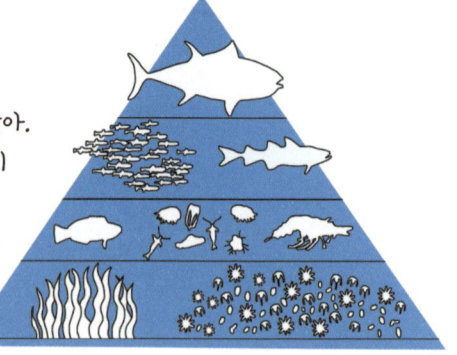

상어가 죽이는 사람은 매년 10여 명 정도.
반면 인간은 시간당 1만 마리에서
3만 마리의 상어를 죽이고 있어.

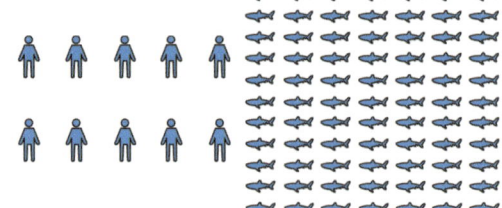

이렇게 죽는 상어의 절반은 '부수 어획'으로 죽는대. 부수 어획이란, 어업 중 어획 대상이
아닌 다른 어종이 잡히는 일을 말해. 고등어나 꽁치를 잡다가 우연히 그물에 걸려 죽는
상어가 전 세계에서 한 시간당 수만 마리가 된다는 거지. 그러면 1년에
약 5000만 마리의 상어들과 30만 마리의 돌고래들이 죽는 거야. 굉장히 많은 숫자이지?
잘못 잡혀서 바다에 보내 준다 한들 이미 대부분이 죽은 상태로 돌아가는 거래.

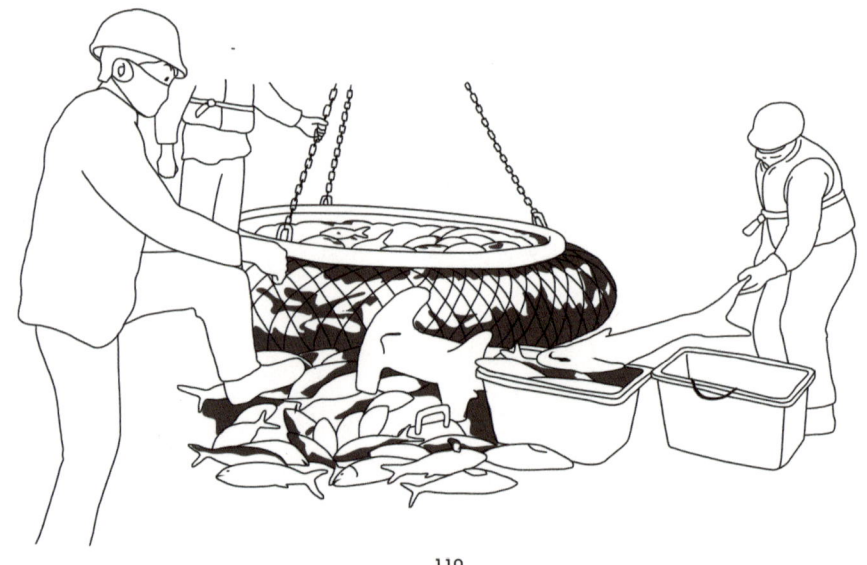

프랑스 대서양 연안에서 1년 동안 1만 마리의 돌고래가 부수 어획으로 잡혀서 죽어 가고 있어. 아까 봤던 일본 다이지에서 죽은 돌고래의 숫자보다 무려 10배나 많은 수치야.

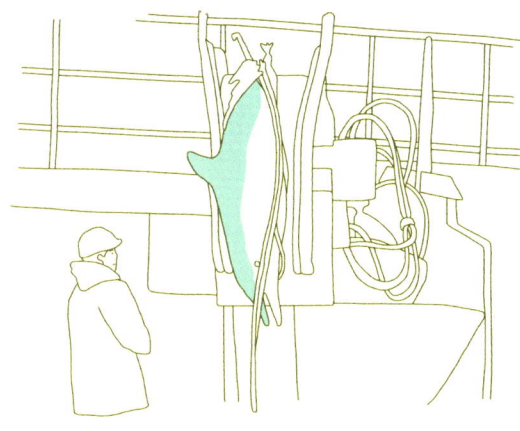

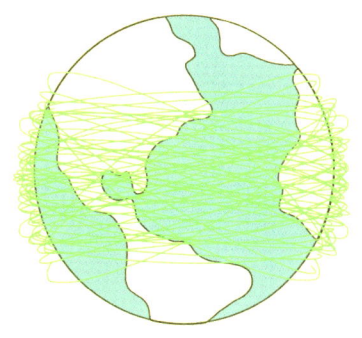

다시 플라스틱 해양 오염으로 돌아오자면, 플라스틱을 먹고 죽은 고래들의 사채에서 발견된 대부분의 플라스틱이 그물이라는 거야. 지금도 매일 하루에 지구 500바퀴를 감을 수 있는 양의 낚싯줄이 바다에 설치되고 있대.

이중 제대로 수거되지 않는 플라스틱의 양은 얼마나 많을까?

바다 생물들이 사라지고 있는 진짜 이유는,
기후 변화 때문도,
해양 오염 때문도,
플라스틱 쓰레기 때문도 아닌,
바로 어업 때문이야.

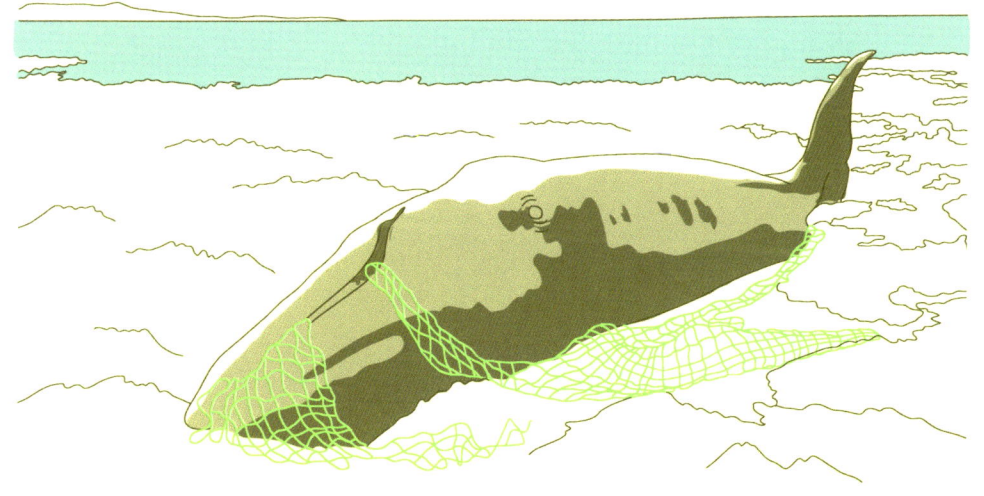

우리는 이미 '멸망'의 무빙 워크를 타기 시작한 건지도 몰라.

머지않은 그날까지라도 서로 아끼고 사랑하며 살자.

노란 봉투

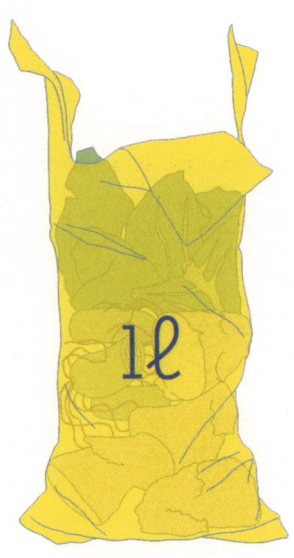

요리도 하기 전에 1리터 노란 봉투가 가득.

고속 충전

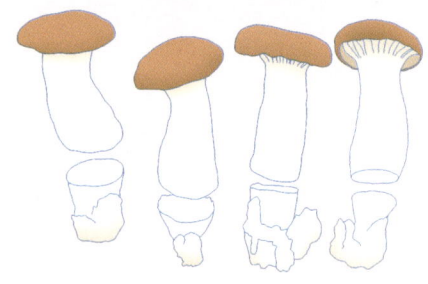

새송이버섯 네 개만 손질해도

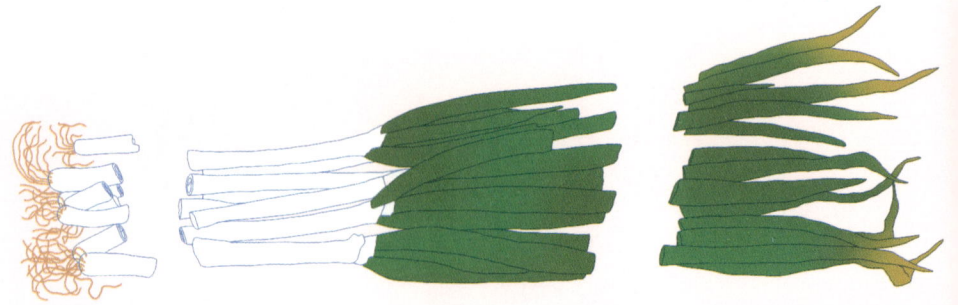

+파 한 단만 다듬어도

+양배추 한 통만 다듬어도

+1/4

+1/4

+2/4

앙

셀카 찍을 땐 뒤를 조심!

과자, 콜라도 조심!

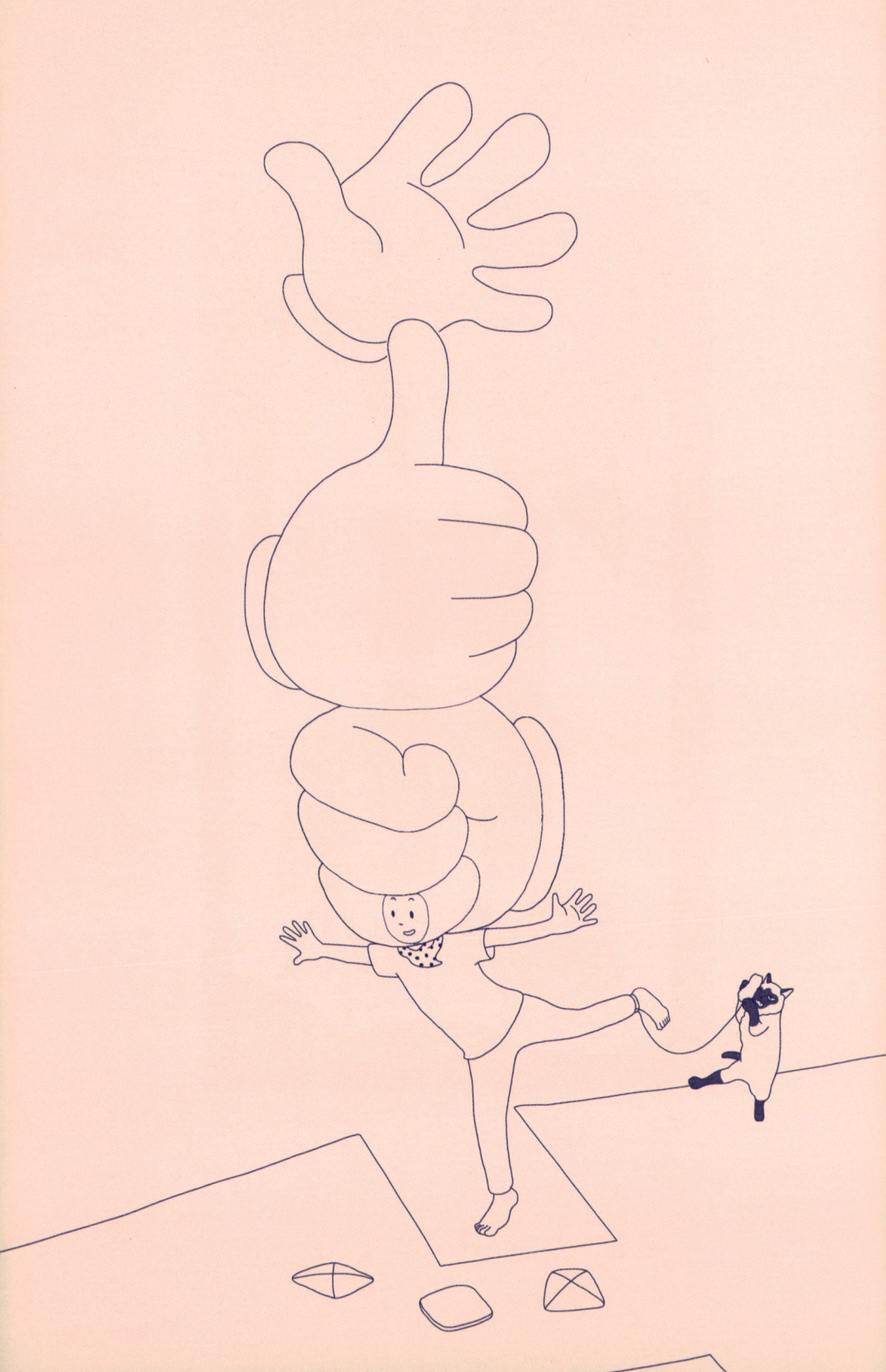

Part 3

어제보다 무해한 오늘

가까운 곳은 자동차를 타는 대신 걸어다닙니다.
배달을 시키기보단 직접 요리를 해 먹습니다.
채소 위주의 식사를 합니다.
불편함을 조금 감수하고서라도
부지런한 일상을 영위하는 것도
어제보다 조금 나은 오늘을 위한
실천이 될 수 있습니다.

하루에 하나씩만 해 봅시다.
거창하지 않아도 좋습니다.

모닝 루틴

여기 붙어라

불편한 것 보다는 편한 게 좋죠. 당연한 얘기죠. 그런데 말이죠.
불편을 감수하고서라도 감행해 보면 좋은 것들도 있답니다.
반려동물과 같이 사는 것은 사실 불편의 연속이죠.
저는 고양이와 사니, 피콕 아빠의 입장에서 서술해 볼게요.
가장 기본이 되는 것부터 말해 보면요.
때마다 밥과 물을 챙겨 드려야 하고, 화장실 청소도
하루에 여러 번, 더군다나 2~3주에 한 번 정도는 화장실
모래도 새로 갈고 세척 및 소독도 해야 하죠.
놀이도 만만치 않습니다.
피곤에 지쳐 집에 들어왔는데 유독 그날따라
피콕의 눈에서 활활 타는 흥 게이지를 볼 때가 있어요.
이날 저녁은 '죽었구나.' 생각하고 평소보다 더 최선을
다해 긴 시간 동안 각종 장난감을 흔들어 줘야 합니다.
부추를 다듬다가 아주 작은 쪼가리라도 바닥에 떨어지면
얼른 주워 담아 버려야 하고, 바닥에 굴러다니는 실밥이라도
보이면 잽싸게 주워야 하죠. 현관문을 열고 닫을 때는 또 어떻고요.
피콕이 슬그머니 따라 나오지는 않을까 하는 염려에 매번 조심조심,
24시간 인덕션 잠금 장치는 잘 되어 있나 늘상 확인해야 합니다.
날마다 바닥에 흩뿌려져 있는 화장실 모래도 치워야 하고,
양말에 붙어 있는 피콕 털들도 세탁 전에 돌돌이로 제거하고,
특히 검정 옷을 입은 날 '돌돌이 온몸 마사지'는 당연한 일이죠.
이 밖에도 수백 가지의 불편함이 있습니다. 그러나 이 번거로움을
감수하고 고양이와 산다는 건 관심에서 애정으로,
그 애정이 측정 불가한 사랑으로, 결국 서로가 너무 필요한
'공생의 삶'으로 나아갈 수 있기 때문은 아닐까요?

하나 더 예를 들어 볼게요.
음악에 관심이 많은 분들이라면 요즘 턴테이블 수요가 늘고
바이닐, LP를 찾는 분들이 많아졌다는 걸 아실 겁니다.
한두 번의 클릭과 검색으로 듣고 싶은 음악을 찾는 유튜브,
1회 재생에 A면, B면 구분 없이 전곡 플레이가 되는 CD,
이들과 비교하자면 LP는 뒤적뒤적 앨범을 찾고 커버 모서리가
구겨지진 않을까, 바이닐 면에 지문은 생기지 않을까 애지중지해야 합니다.
턴테이블 덮개를 열고 안전하게 안착시킨 후 조심스럽게 플레이를
하고 나면 들려주는 음악은 고작 4~5곡, 시간으로 따져 보자면
20여 분마다 판을 뒤집어야 하니 이 얼마나 불편하고
귀찮고 노심초사해야 하는 메커니즘인가요?

"그래도 좋은 걸 어떡해."
맞아요. 관심이 가고, 좋아하고, 즐기는 것까지의 과정에는
반드시 절대적으로 버텨야 하는 시간이 필요한 것 같습니다.
음반 모으는 취미를 가진 분들에겐 수집 초기 엉성했던
분별력으로 구매해 나중에 후회하는 앨범들도 있을 테고
소설책은 첫 장을 열고 나서 이야기의 큰 흐름을 타기 전까지
진입장벽들을 돌파해야만 했던 경험들이 있을 테죠.

자! 해 보세요.
예전 비디오나 카세트 플레이어의 '재생' 버튼은
기계의 작동만을 의미하는 단순한 아이콘이었지만
지금 우리가 살고 있는 이 시대의 유튜브 아이콘은
영상을 만드는 사람과 보는 사람 모두의 양방향
실행력을 담고 있는 버튼입니다.
우리는 이런 시대에 살고 있는 거라구요!
딱지 치기 할 사람 여기 붙어라~
고무줄 놀이 할 사람 여기 붙어라~
'플레이' 해 봐요. 우리!

둥근 해가 떴습니다

하루를 시작할 준비가 다 되어 갈 즈음에
나의 뒤통수는 인기척을 느낀다.

쿵쿵-

*츄바카: 영화 「스타워즈」에 등장하는 한 솔로의 절친이자 밀레니엄 팔콘의 부조종사

*리차드 파커: 영화 「라이프 오브 파이」 속 주인공과 함께 바다에 표류하는 호랑이

둥근 해가 떴습니다.
자리에서 일어나서
화장실을 갑니다아
퐁당하러 갑니다.

샤워할 때는 깨끗이
이쪽저쪽 몸 닦고
머리 빗고 옷을 입고
거울을 봅니다.

토너 크림 로션
찍어 주고 발라 주고
차단제를 바릅니다.
꼼꼼하게 합니다.

물 마실 때는 천천히
미지근하게 마시고
앞치마 입고 간단하게
집안일을 합니다.

달인의 지혜

만화 『식객』의 인기가 한창일 때 저는 『맛의 달인』을 정주행 중이었습니다. 당시 80여 권에 가까운 시리즈를 탐독하느라 매일 밤 씻고 침대에 눕는 시간이 설렜죠.
아기 피콕은 옆에서 독화를 방해하다 잠들곤 했고요. 귀여워 ㅜㅜ
(지금 확인해 보니 111권까지 나왔군요.)

지로 유우코

아! 『맛의 달인』을 모르시는 분들을 위해 간단한 소개를 해 드릴게요. 동서 신문사의 문화부 기자인 지로와 기자이면서 타고난 미각을 가진 유우코가 창사 100주년 기념 잡지가 될 '완벽한 메뉴'에 넣을 음식과 재료를 찾으면서 벌어지는 다양한 일들을 다루는 이야기입니다.

수많은 에피소드가 있는데, 그중 기억나는 하나가 양배추에 관한 것이에요.
식당에서 제공되는 얇게 썬 양배추가 본연의 단맛을 못 내고 있다는 것이었습니다.

이유인즉슨,
양배추를 통째로 칼질하고 얇게 썰린
재료를 흐르는 물에 씻는 과정에서
양배추의 단맛이 모두 빠져나간다는
것이었죠.

어려서부터 요리에 관심이
있었던 저에게 이 대목은
그 후로 양배추를
다루는 룰이 되었습니다.

그 룰은 지금까지도 이어지고 있죠.
먹을 만큼의 양배추 잎을 분리해 흐르는 물에 간단히 씻고, 물기를 잘
제거한 후에 차근차근 채를 썰어 그날의 기분에 어울리는 드레싱과
함께 자주 먹고 있습니다.
속쓰림이 있거나 소화가 잘 안 되는 분들에겐
식사 전 양배추 샐러드를 추천 드립니다.
채 썰면서 칼질하기 힘든 두툼한 줄기 부분은 그냥 손으로 집어서 먹는데,
씹을 때 흘러나오는 양배추 즙은 요리사의 기분을 들뜨게 한답니다.

changing

솔직히 지구 환경보다는 제 치아 건강이 더 중요해요.
그래서 치실을 포기할 수 없어요. 다만 변화를 가질 순 있죠.
그래서 스틱형 일회용 치실에서 뽑아 쓰는 테이프형 치실로 바꿔 사용 중이에요.
불편해요. 당연하죠. 그래도 작게나마 변화해야 한다고 믿습니다.

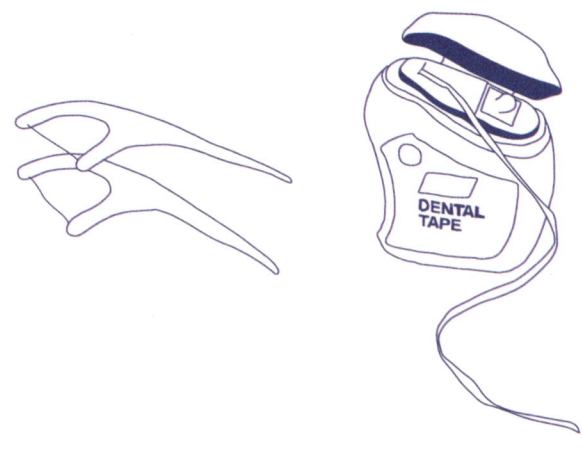

지구를 위해 이 닦는 걸 포기할 순 없잖아요.
그 가운데서 무엇을 할 수 있을까 고민하다가
옥수수 전분으로 만들어져 자연 분해된다는 광고를 믿고
바로 칫솔을 장바구니에 담았죠.
마케팅일지 정말 실효를 거둘지는 소비자 입장에서는 알 길이 없죠.
그래도 계속 관심을 갖고 찾아볼 거예요.

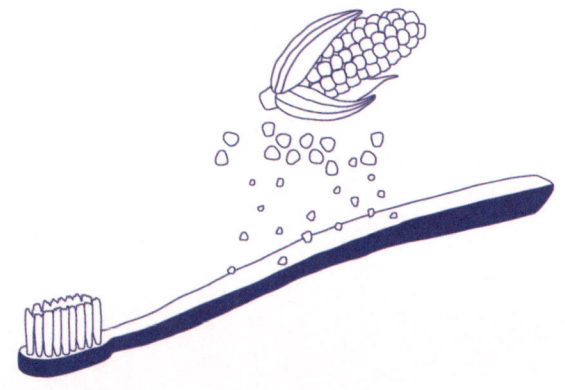

지금 사용 중인 튜브 치약도 모두 사용하면 다른 타입의 치약을
사용할 예정이에요. 샴푸도 그렇고. 음… 계속 변화해야죠.
관심을 갖고 주위를 둘러보자고요.

자정(自淨) 산책

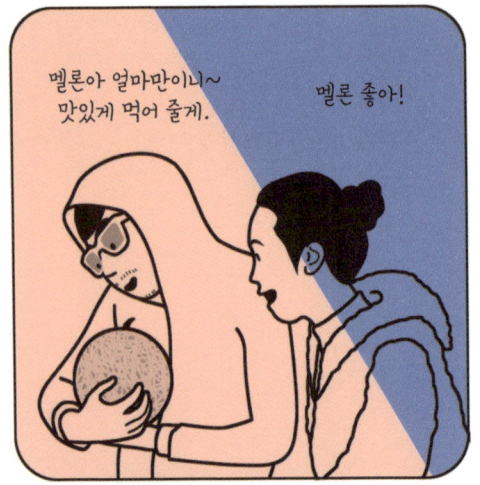

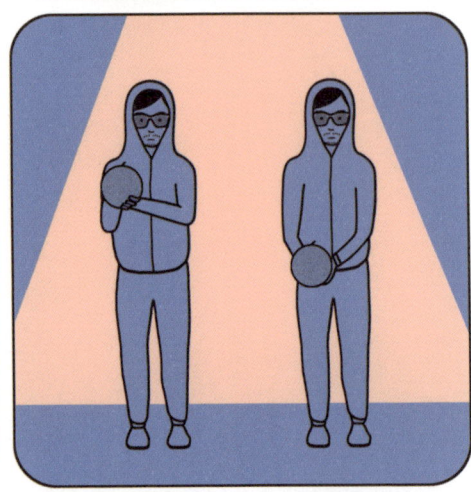

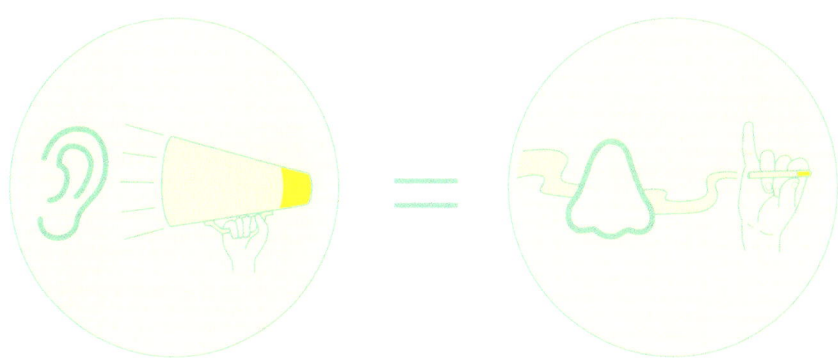

학습 루틴

두 사람이 한 지붕 아래에서 살다 보면
부득이하게 서로 영향을 주고받게 됩니다.
많이 부족하고 모자란 저는 반가와 님으로부터
학습받아 삶의 루틴이 된 것들이 많이 있죠.
그중 가장 큰 세 가지만 적어 보겠습니다요.

"첫째, 잠잘 때 목수건을 한다."
그 이후로 자면서 감기에 걸리는 일이 전혀 없었습니다.
외출할 때도 옷을 두껍게 입어 활동성이 불편한 것보단
옷은 가볍게 입고 머플러로 목을 따뜻하게 해 주는 편이지요.
옷, 신발, 가방의 소재가 빳빳하거나 딱딱한 것들은 '불호'합니다.

"둘째, '퐁당(큰 용변)'을 하면 바로 씻는다."
저희 집 화장실은 건식이어서 씻는 곳과 분리되어 있습니다.
일을 보고 씻으러 가는 길은 바로 '야생'이 되고 말지요.
그래서 중간에 사생활 보호를 위한 알로카시아를 두었지만
그로 인해 비쥬얼이 더 야생스러워졌다는 건 안 비밀.

"셋째, 이메일을 보낼 때는 형식을 잘 지킨다."
회사를 다녀 본 적이 없는 무지한 '프리랜둥이'라
형식이 있다는 것을 모르고 일을 해 왔더랬죠.
제 짝꿍 님께서 그 형식에 대해 찬찬히 설파를 하신 이후로는
꾸준히 잘 지켜 나가고 있는 듯합니다.

hippo

습기를 먹고 사는 하마는 이 세상 어디에도 없죠.
그건 이미 우리 모두가 당연히 알고 있는 사실.
다만 저에게 텔레비전 속 하마들은 늘 주변의 풀이나
수면 아래 작은 생명체들을 먹고 살지 않을까 하는 막연한 인식의 대상이었습니다.
아마도 세상이 만들어 준 귀여운 하마의 캐릭터 때문이었을 거라 생각합니다.
단단한 코뿔과 징 박힌 갑옷을 두른 초식동물 코뿔소보다
모난 곳 없이 동글 넓적하고 매끈한 피부를 가진 하마가
 순하고 귀여운 캐릭터 디자인으로 더 적합했기 때문인지도 모릅니다.

어느새 세상은 변했습니다. 스마트폰만 열면 독일의 집중 호우와
인도네시아의 화산 폭발 그리고 아프리카 강물에서
헤엄치는 임팔라를 거침없이 물어 뜯어 죽이는 하마를 볼 수 있습니다.
그렇게 눈과 귀를 통해 내 머릿속에 들어 온 하마의 이미지는
풀만 뜯어 먹는 귀엽고 온순한 동물은 아니라고 다시 세팅을 합니다. 다른 사례도
찾아봅니다. 그래야만 마음이 놓입니다. 긴 시간 유지됐던 하마에
대한 인식을 바꾸는 일 아닙니까?

담배도 그랬습니다. 어린 시절의 어른들은 비행기,
버스에서 당연하게 흡연을 했고, 명절에 모이는 어른들도
집 안에서 당당히 담배를 즐겼습니다.
대학을 다닐 즈음, 애연가들은 눈치가 보이는 방과 거실을 피해
외부로 통하는 창문이나 베란다 구역에서 흡연을 했습니다.
이젠 실내뿐 아니라, 사람들이 모이는 지하철역 입구, 건널목,
학교나 유치원 등의 어린이 보호구역 역시 금연구역이 되었습니다.
베란다 흡연도 쉽지 않습니다. 윗집 주민들이 피해를 호소하니
점점 애연가들의 설 곳은 줄어들고 있습니다.

더 이상 담배를 물고 있는 제임스 딘을 보며 청춘과 남성의 상징이라
칭송하지 않고, 커피와 담배의 궁합을 예찬하지 않습니다.
그런데요. 잘 생각해 보자고요. 하마와 담배는 변하지 않았습니다. 여전히 그대로죠.
다만 우리들의 인식이 바뀌었을 뿐입니다. 인식과 상식은 꾸준히 변할 것입니다.

골목 여행가

동일한 목적으로 집을 나와도 어제와 다른 골목길을 찾아다닙니다.
이런 취미는 차가 있을 때도 그랬고, 차가 없는 지금도 여전합니다.
혹여 우연히 만날 골목 호랑이들을 대비해서 만반의 준비를 하죠.
서비스 품목으로 받은 츄르와 피콕이 먹지 않는
사료 한 봉지면 충분해요. 이곳저곳 돌아다니다 sns에서 봤던
훈제 연어집 앞에서 사진도 찍어 보고, 모빌 쇼룸 창밖에 서서 내부
구경도 합니다. 아차! 두부 한 모 사러 나왔을 뿐인데 벌써 한 시간
가량이 지났네요. 우리 피콕 님이 기다리시고 계실 테니 얼른 들어가
봐야겠습니다.

플라스틱에 관한 오해

저희 집엔 전기밥솥이 없어요. 부피도 많이 차지하는 데다
밥을 지어도 온전히 밥솥을 비우는 경우가 많지 않거든요.
누렇게 말라 비틀어진 곰팡이 꽃을 경험해 본 적이 한두 번이 아니죠.
그래서 저는 냄비에 밥을 해서 플라스틱 용기에 차곡차곡 담아
냉동실에 보관합니다. 그러면 한 10일 간 먹을 수 있어요.
그렇게 냄비 밥을 해 먹은 지도 벌써 10년. 시간 참 빠르네요.

편리하다는 이유로 많이 사 먹게 되는 게 즉석밥이지요.
먹고 나선 세척해서 버린다지만 결국 즉석밥 용기는 재활용이 되지 않는
플라스틱이라고 합니다. 설령 재활용이 된다 하더라도 구매엔 신중해야
할 것 같아요. 결국 플라스틱의 문제는 일회용인가 아닌가의 문제이거든요.
조금은 불편하더라도 직접 밥 짓고 냉동 보관해서 꺼내 먹어 보는 건
어떨까요? 처음만 힘들지 습관되면 더 편한 방법이에요.

저희 집엔 피콕 나이만 한 실리콘 바구니가 있습니다.
피콕 어릴 적에 몇 번 샤워기로 목욕을 해 주다가 샤워기에서 나오는
물줄기를 피콕이 불안해하는 것 같아 구매했던 물건이지요.
크기별로 3개를 구매했는데 평소엔 빨래나 잡다한 것들을 담아 두었다가
피콕의 목욕 시간이 되면 큰 바구니 두 개에 따뜻한 물을 담아 번갈아
사용합니다. 따뜻한 물에 피콕을 쏙 담그면 조용하게 목욕을 끝마치죠.
피콕과 어울리는 핑크색 바구니 속에 얌전히 있는 피콕의 눈망울을 보노라면
얼마나 이쁘고 대견하고 고마운지 모릅니다. 털 말릴 때 좀 곤혹스럽긴
하지만 이 플라스틱 바구니의 요긴함에 항상 고마움을 느끼고 있답니다.

불미(不美)

벗기다

뱉다

털다

버리다

내뱉다

버리다

불미한 동사의
연속일 뿐

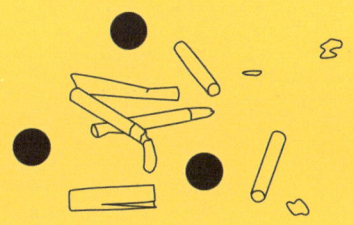

자전거 마실

무더위가 한풀 꺾였지만 습도는 남아 있는 늦여름, 혹시 가을 바람이지 않을까 하는 섣부른 판단에 자전거를 몰고 동네 골목골목을 천천히 돌아다닙니다. 그렇게 괴롭혔던 더위도 간다 하니 뭔가 아쉽고, 아직 오지 않은 가을에 미리 설레 봅니다. 폭염을 잘 이겨 준 짝꿍과 피콕에게 고맙고, 이 좁은 골목에서 홍콩 밤거리를 간접 체험하게 해 주는 연남동도 고맙습니다. 여름아, 안녕!

도토리

본가에서 어머니와 함께 다람쥐에 관한 다큐멘터리를 보고 있었습니다.

 조그만 게 영리하네. 어머 신기해라~

 엄마!

이제 산에서 도토리 가져오지 마.

 무슨 소리!

내가 아니라도 남들이 다 가져가!

...

가족을 설득하는 건 매우 어려운 일입니다. 특히 부모님…

그리고 몇 달이 지나 이런 대화의 기억이 잊혀질 때쯤.

엄마! 요샌 말이야…

이상하게 도토리묵이 안 당기더라?

꽃주술

Part 4

고양이가 지구를 대하는 방식

도도합니다. 품위 있습니다.
도움을 요청하되 구걸하지 않습니다.
먹을 만큼만 먹이를 구합니다.
먼저 공격하지 않습니다.
바람의 움직임을 포착합니다.

꽃향기를 맡지만
꺾지 않습니다.

그저

꽃향기만 맡고

가던 길을 갑니다.

고양이 공원

5년 전 완공된 경의선 숲길은 우리의 산책 길입니다.
산책 때 만나는 고양이들에게 냥이 밥도 건네 주고
인사하며 대화도 시도하죠. 그럴 때마다 이런 말을 하곤 합니다.
"경의선 숲길이 고양이 공원이 되었으면 좋겠어."

종교의 다양성

고양이 극장

지금으로부터 5년 전, 길고양이 쓰레기통 뒤지던 시절에
경의선 기차가 다니던 철로가 사라지고 경의선 숲길이 새로 생겼어요.
아름다운 숲길이 생기니 사람들도 모이고 새, 고양이, 강아지 등
여러 동물들도 놀러 왔어요.

숲길 양옆으로는 벚꽃나무가 화려하게 꽃을 피워 꽃비를 내리고
사람들은 숲길을 마주보고 하나둘씩 예쁜 집을 짓기 시작했어요.
목수의 딸도 그중 한 사람이었어요.

어느 날 목수의 딸은 집 앞에 놀러 와 쉬고 있는 고양이를 발견했어요.
당시 그녀는 고양이가 처음이어서 자신이 키우던 강아지밥을 내 주었어요.
그랬더니 점점 놀러 오는 고양이들이 늘어났어요.
시간이 지나면서 고양이를 조금씩 조금씩 알게 되었고
벚꽃나무가 자라는 만큼, 흰 꽃을 피우는 만큼 사랑의 크기도 커져만 갔답니다.

고양이들은 서로 방해받는 걸 싫어해서 긴 숲길 여기저기에
띄엄띄엄 터를 잡고 살았어요.
그러다 보니 목수의 딸은 고양이밥도 여러 곳에 놔두게 됐어요.
그런데 어느 순간부터 고양이 밥그릇이 사라지기도 하고
어떤 밥그릇은 누군가가 발로 차고 부숴 버렸어요.
목수의 딸은 이해할 수 없었어요.

이 사안에 대해 동물을 좋아하는 숲길 사람들이 모여 의논을 했고
각자 자기 집 앞에 고양이 밥그릇을 놓기로 했어요.
집주인들은 마음 편히 밥을 먹는 고양이를 볼 수 있어 좋았답니다.
하지만 항상 좋은 날만 있을 수는 없었어요.

사람들과 친해진 고양이들을 약점으로 어떤 흉포한 광인이
인적이 드문 새벽 시간에 고양이들에게 다가갔어요.
그는 말로 표현할 수 없는 아주 무서운 방법으로 고양이를 헤치려 했어요.
어미 고양이는 자기 새끼가 죽는 걸 눈 앞에서 바라보고도 놀라
도망갈 수밖에 없었어요.

아침이 되어 숲길에 나타난 목수의 딸은 이 처참한 현장을 발견하고
너무 놀라 슬퍼하며 사람들에게 알렸어요.
이 소식을 들은 사람들은 그곳에 모여 작은 아이의 죽음에 슬퍼하고
분노하면서 무덤을 만들고 애도했어요.
얼마 지나지 않아 광인은 잡혀 가벼운 죗값을 치렀어요.
그 후로 숲길 사람들은 더욱더 동물들과 함께 사는 세상을 만들려고 노력했어요.
그렇게 시간이 흘러 5년이 지난 지금,
사람들과 동물들은 행복하게 어우러져 살고 있답니다.

살랑살랑~

바람

한때 저도 예쁘다고 구입한
식물들을 곧잘 죽이곤 했습니다.
"어? 빛이 잘 드는 곳에 두었는데?"
"어? 물도 거르지 않고 잘 줬는데?"
정성을 쏟는 것만큼 아이들이 잘
자라 주지 못해 속상하기 일쑤였죠.

식물에 대한 애정의 시간과 경험이
쌓이고 쌓이다 보니,
빛과 물 그리고 '바람'의 중요성을
알게 되었습니다.
식물들이 바람에 '살랑살랑' 흔들려야
광합성과 생장에 도움이 된다고 하네요.

과학적 근거를 떠나서라도 '환기'는
알 수 없는 '1초의 미래'를
긍정적이고 자신 있게 맞이할 수 있도록
만들어 주는것 같습니다.

식물뿐이겠습니까?
저희 집 피콕도 창밖에서 부드러운
바람이 불어오는 날이면

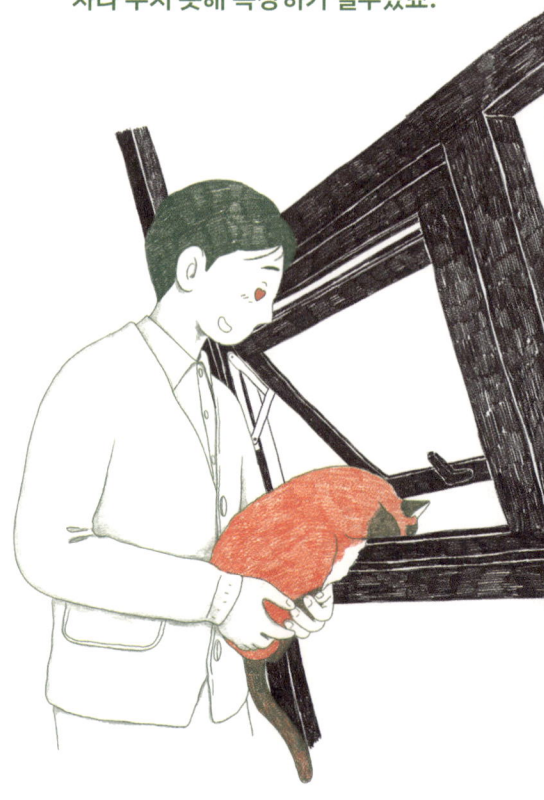

창밖에 코끝을 대고
공기의 감별사가 된 듯이
연신 '크라운'을 그리며
미래의 1초를 리드미컬하게
운율을 타며 맞이합니다.

"시간 가는 줄 모른다."라는 말이
이런 경우가 아닌가 싶습니다.

고양이와 식물뿐이겠습니까?

짝꿍과 함께 구와 구를 넘나드는 한 시간 이상의 산책을
다녀오면 잠깐의 여행을 경험한 듯한 기분이 됩니다.
걷고 또 걸으면서 대화는 꼬리에 꼬리를 물고, 계절의 변화 또한
느끼고 나눌 수 있어서 우리에겐 소중한 시간입니다.
짧은 미래에 대한 경쾌한 수용력은 뚜렷하고 치밀한
계획과 준비가 아닌, "지금의 내 몸에 맞닿은 바람의 촉감을
느낄수 있는가?"가 아닌가 싶어요.
그것이 저를, 그리고 우리 모두를 잘 성장하게 만들어 주는 것 같습니다.

바람이 불어오는 곳

캡틴!

저희 배는 길을 잃은 것 같습니다.
대체 육지는 언제쯤 나오는 겁니까?

우리가 사는 집

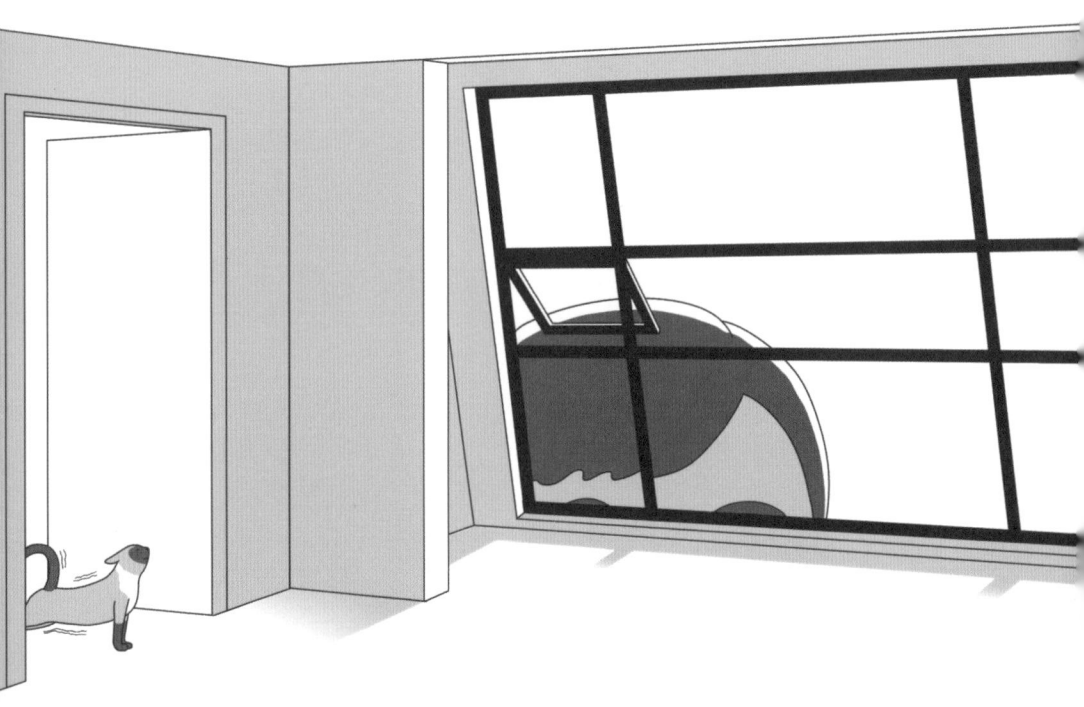

10년 전, 이 집을 처음 봤을 때가 생각납니다.
세입자로서 이 집을 선택한 여러 요건 중에 가장 큰 이유는
바로 집의 형태였습니다.
옆집 건물과 비교하자면 폭은 옆 건물의 절반, 길이는
옆 건물의 두 배였습니다.

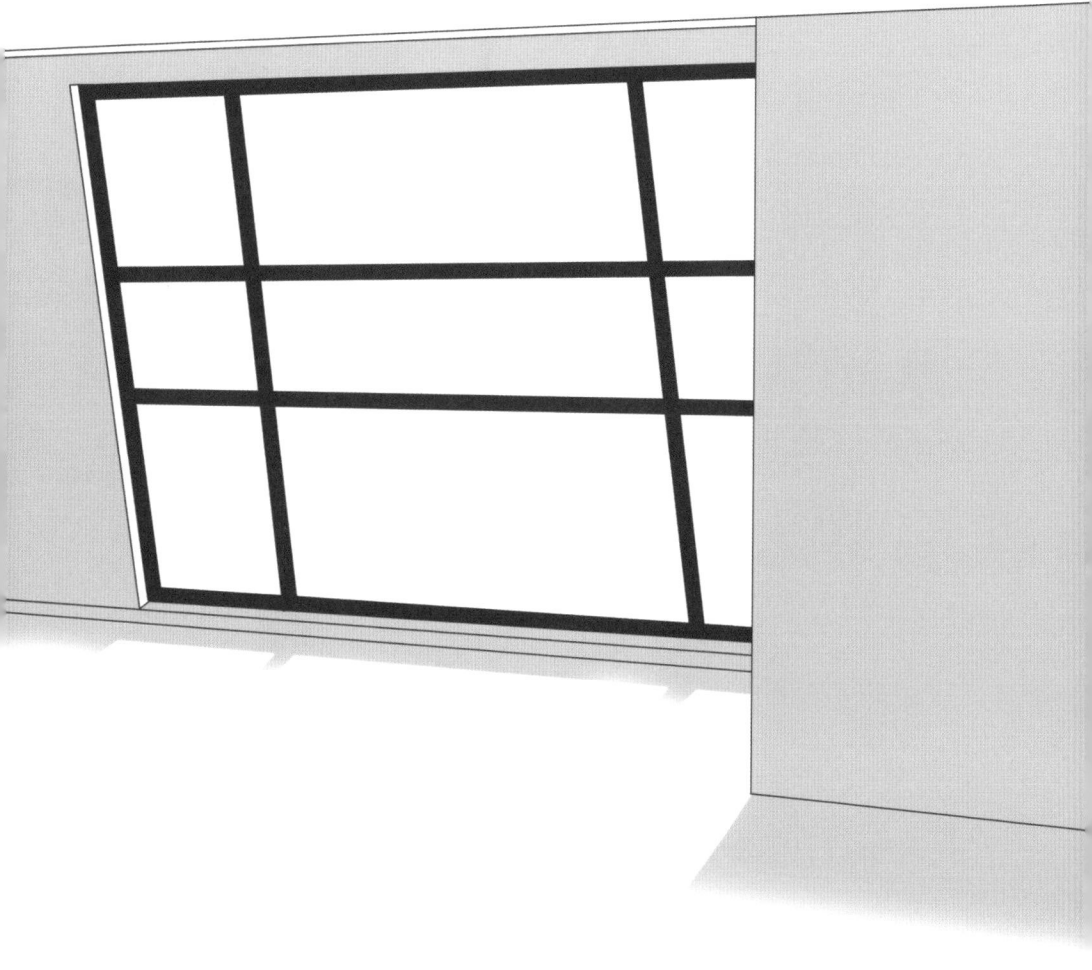

좁고 긴 이 집이 저는 무척 마음에 들었습니다.

처음 독립해서 3년 동안 살았던 집은 작고 네모난 형태여서 청년 피콕의
멈출 수 없는 에너지를 해소하기에는 턱없이 부족한 공간이었죠.
내심 미안한 마음을 갖고 있다가 마침 이 집의 구조를 보고 '전세 계약서'에
흔쾌히 도장을 찍었습니다.
거대한 창이 3개인 데다가 서향이라 여름에 덥고 겨울에 추웠지만
피콕이 질주 후에 보이는 늠름한 자태를 보고 있노라면 이 집에서 느끼는
불편함은 매우 소소하게 느껴졌습니다.

그리고 2년 전, 마침내 저는 이 집을 사야겠다고 결심했습니다.

피콕이 두 살일 때부터 지금까지 이 집에 살았고 그만큼 이 공간에 익숙해졌을 테니 만약에, 정말 만약에, 먼 미래에 피콕이 꼬부랑 할아버지가 되고 치매가 오더라도 침대며 화장실이며 밥그릇을 찾아 헤맬 상황은 만들고 싶지 않았습니다.

이 작은 아이에게 일어나지 않을 미래의 일을 상상하는 것만으로도
몹시 마음이 무거워집니다.

갬

내 자식

눈에 넣어도…

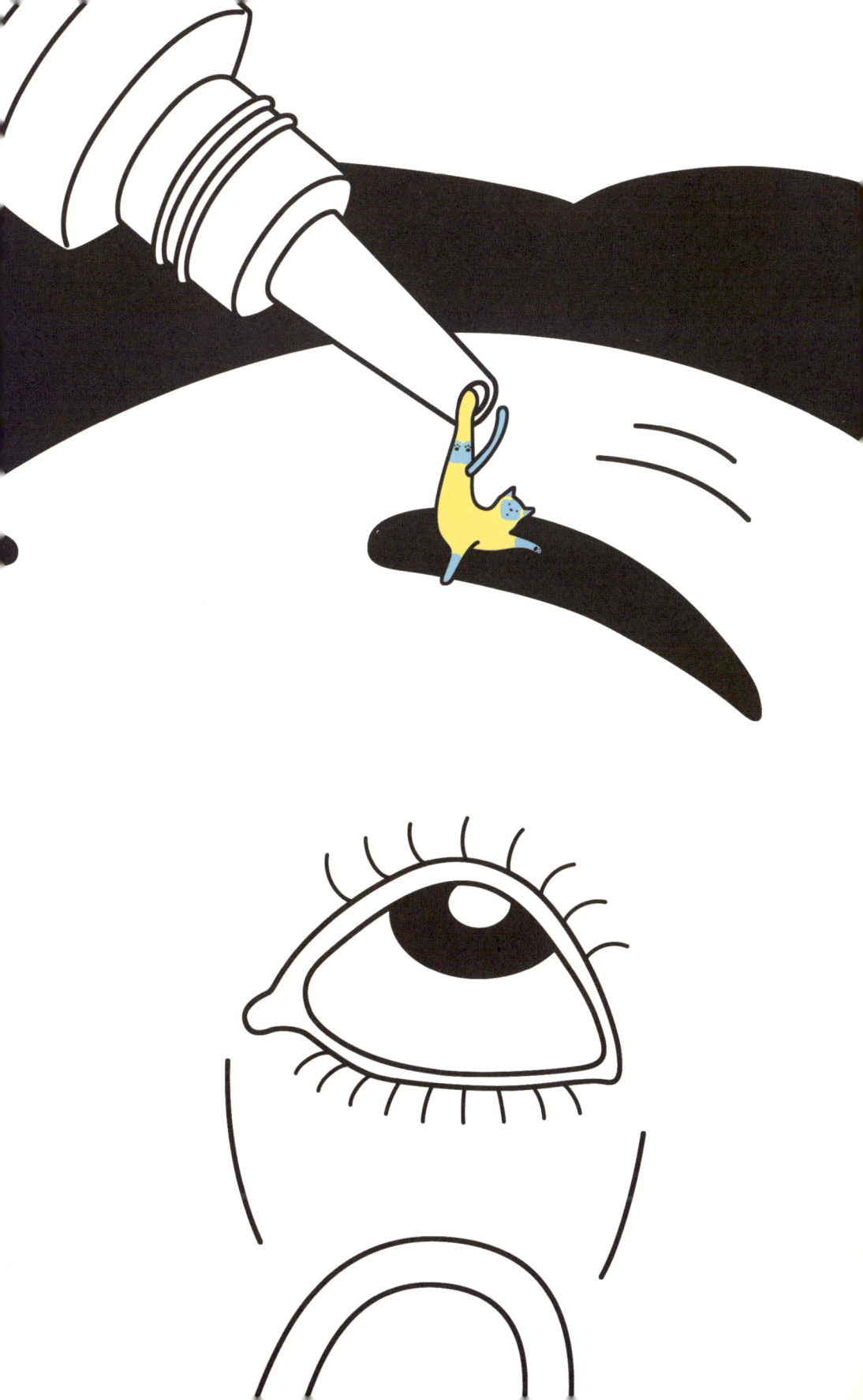

고양이가 간다

"고양이들은 항상 바빠. 총총총 걸어가는 것 좀 봐."

길에서 고양이를 만나면 하는 제 짝꿍의 레퍼토리입니다.

맞습니다. 고양이들은 자기들 일만으로도 무지 바빠요.

인간들 세계에 관심도 없고 특별히 인간을 해치려 하지도 않죠.

그러니 가는 고양이는 그냥 보내 주세요.

눈이라도 마주치면 가볍고 조용한 인사 정도?

자기 일보러 가는 고양이에게

"고양이는 재수 없어."

"고양이는 요물이야."

"검은 고양이는 더 재수 없어."

라고 씨불거리는 비이성적이고 반지성적인 사람들.

분명 칼 세이건의 말처럼

비상식이 이 세상을 지배하고 있다고 확신하는

괴팍한 노인네가 될 것입니다.

한참 후에야 이 아이는 사람들에게 '생강'이라는 이름으로,
동생은 '계피'라는 이름으로 불린다는 걸 알게 되었습니다.
이 형제는 책거리 6번 출구에서 슈퍼스타가 되어
많은 사람들에게 사랑과 츄르를 받고 있습니다.
예전처럼 제 곁을 맴도는 일은 없어 서운함은 들지만 오늘도 저는
이 형제에게 인간의 폭력이 가해지는 일 없이 순탄하고 평온한
매일이 이어지기를 마음을 다지며 기도합니다.

경의선 숲길 길고양이 안내

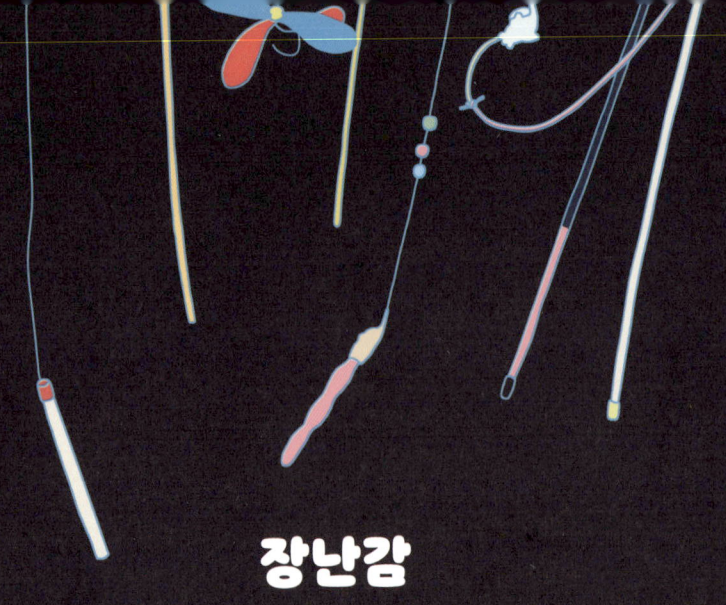

장난감

경의선 숲길을 걸으면 고양이들과 놀고 있는
사람들을 자주 만나게 됩니다.
고양이에 관한 정보나 경험이 있어 조심스럽게
다가가는 분들도 있고 서툴게 다가가
고양이가 슬쩍 자리를 피하는 경우도 있죠.

잔디밭 위에서 고양이와 놀고 싶어도 장난감이
없으니 풀을 꺾거나 부러진 나뭇가지로 놀아 주는
분들도 있더라구요.

그러다 보니 이런 생각을 해 봤어요.
집냥이의 흥미를 잃은 장난감들을 가져와
숲길 중간중간에 배치하면 어떨까?

이렇게 말이죠.

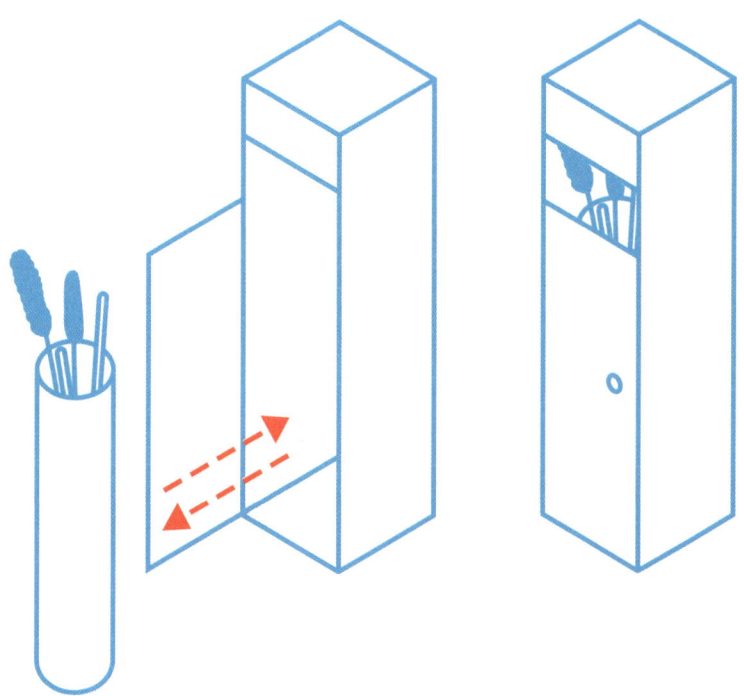

물론 설치가 쉽지 않다는 것을 잘 압니다.
경의선 숲길은 고양이를 좋아하는 사람들만 이용하는 것이
아닌 모든 사람들이 공동으로 이용하는 공공재이기 때문이죠.
누군가에겐 불편한 설치물이 될 수 있겠다는 생각도 듭니다.

그래도 아쉽기는 마찬가지여서 제안만이라도 해 봅니다.

우리 집 입주도

호야

테이블야자

피콕♥

오렌지재스민

2009

2011

가방 받아랏!

남천

2014

2016

떡갈나무

틈틈이

최선

따알-랑

딸랑

딸랑

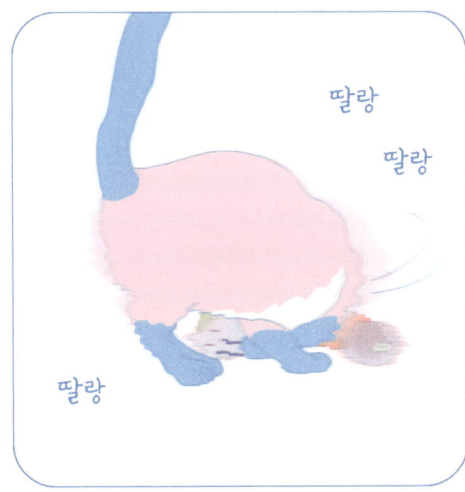

딸랑
딸랑
딸랑

딸랑
딸랑

우리는 서로 최선을 다합니다.

어떤 대화

피코옥, 아빠는 그런 걸
너에게 요구한 적도 없고
앞으로도 그러지 않을 거야.

이런 방식이 아니더라도
우린 충분히 교감하고
대화하고 있으니까.
그치?

제자리

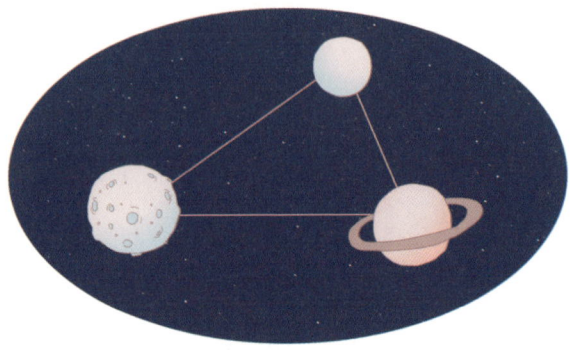

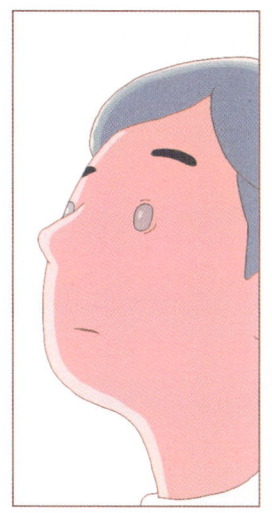

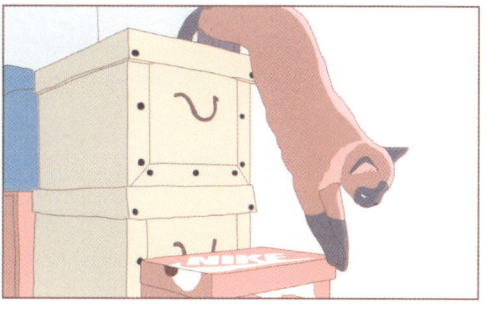

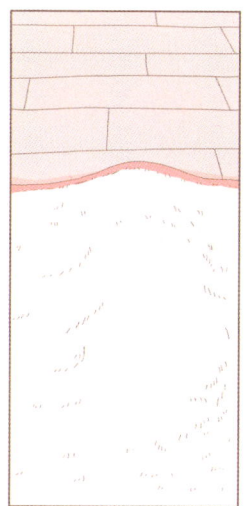

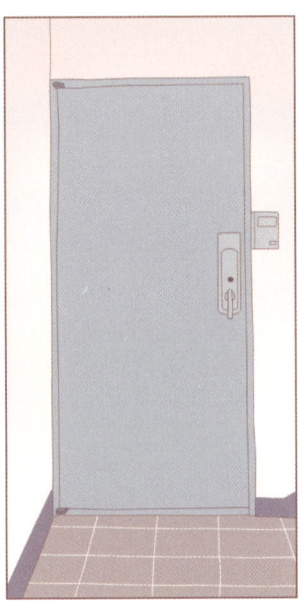

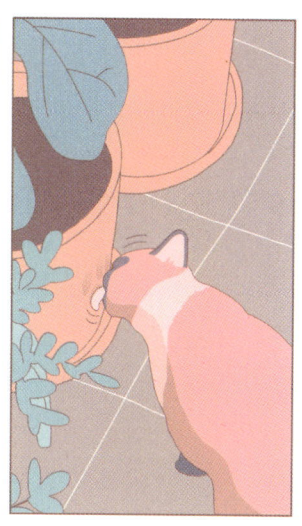

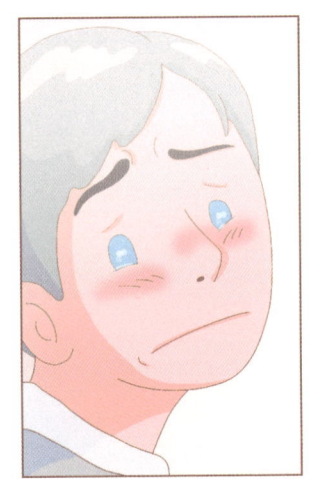

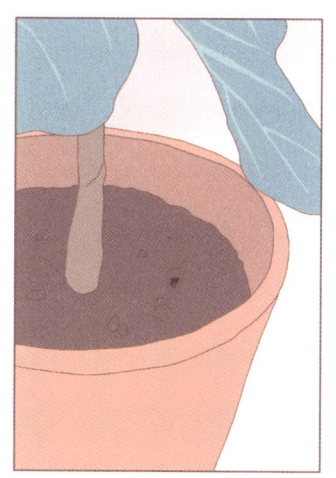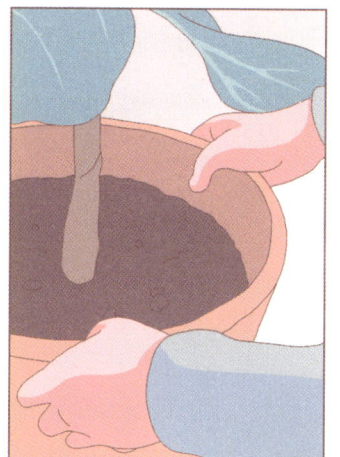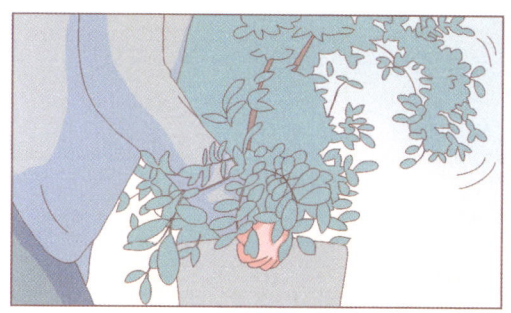

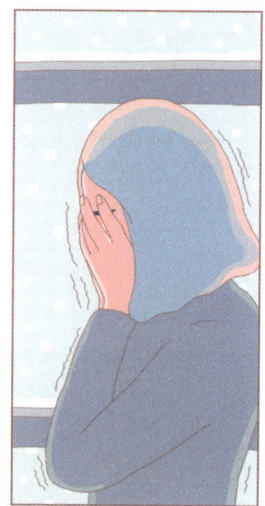

피콕...

피콕에게

피콕~
집에 돌아오는 길에 바닥에 떠도는
코스모스 꽃잎을 보고 하나 주워 왔어.
힘없이 뒹구는 모습에 문득 너가 생각나더라.
핑크색은 우리 피콕에게 가장 잘 어울리는 색이기도 하니까.
아빠가 대학생 시절부터 가장 좋아하던 색이 바로 피콕 블루였어.
나츠다 사의 '피콕 블루' 잉크의 뚜껑을 열 때마다 언제나 아빠의 가슴은 두근거렸지.
피콕 너의 눈 색깔은 정확히 말하자면 피콕 블루가 아니었지만, 아빠가 가장 사랑하는
컬러를 너의 이름으로 정한 거였어.
항상 너의 이름을 부를 때마다 아빠는 마음이 설렜어. 네가 좋았던 건 물론이고
너의 이름마저 너무 좋아했으니까. 동시에 그 이름의 주인이 너라는 것에 항상 감사하고
행복했어. 아빠가 네 이름을 귀찮을 정도로 자주 불렀던 건 당연 네가 좋기도 하고
너의 이름을 말할 때 입 모양이 동그랗게 모아지는 재미가 있어서 그랬어.
네가 하늘나라를 가고 시간이 지난 요즘, 우리의 마지막 산책들이 눈 앞에 자주 그려져.
네가 목적 없이 이리저리 휘청대며 다니는 모습을 보며 어떤 때는 피로감을 느꼈지.
그때를 돌이켜 보면 후회되는 면이 있어. 그때 너의 모습을 더 많이 아빠의 눈에,
가슴속에 담았어야 했는데… 하고 말이야.
하지만 피콕이 아빠를 이해해 줬으면 좋겠어. 그때의 아빠는 너무 힘들었거든.
너와 나, 우리에게 닥친 그 큰 고난들을 혼자의 힘으로 감내하기엔 너무 힘들고
지쳐 있었단다. 물론 네가 가장 힘들었겠지.

올 겨울은 러그를 좀 늦게 깔았어. 너가 없어서겠지.
러그가 깔리는 날에 너는 항상 신났잖아. 뜯고 달리고 아래로 숨고 말이야, 그치?

피콕~
네가 없다고 허전하지는 않아. 다만 항상 궁금할 뿐이야.
이 시간에 우리 피콕은 무얼할까? 12년간 다져진 습관이겠지.
피콕 하나만 부탁하자.
고양이로 한 번 더 태어나서 아빠에게로 와. 그땐 실수 없이 널 돌볼게.
힘들었던 6개월의 시간은 잊고 하늘에서 잘 놀고 있어, 피콕.

* 이 책을 준비하는 기간에 저의 심장과 같은 피콕이 제 곁을 떠났습니다.

피콕 블루(peacock blue)

Part 5

지구가 멸망하기 전에 우리가 해야 할 것들

만약에, 아주 만약에 말입니다.
내일 당장 지구가 멸망한다고 칩시다.
오늘 당장 무얼 하시겠습니까?
아마도 대부분 사랑하는 사람에게
그동안 못해 줘서 미안하다고, 사랑한다고 말하지 않을까요?
그러니 그 말 아끼지 말고 오늘 당장
실행에 옮기는 겁니다.

지구 사랑도 마찬가지.
뒤늦은 후회를 하기 전에
오늘 당장 행할 수 있는 것부터
하나씩 실천해 보는 건 어떨까요?

사람을 직접 대면할 일이 없는 직업을 가진 저에게
마스크는 집 밖을 나가 산책하거나
자전거 라이딩,
마트를 갈 때 사용하는 정도로 사용됩니다.

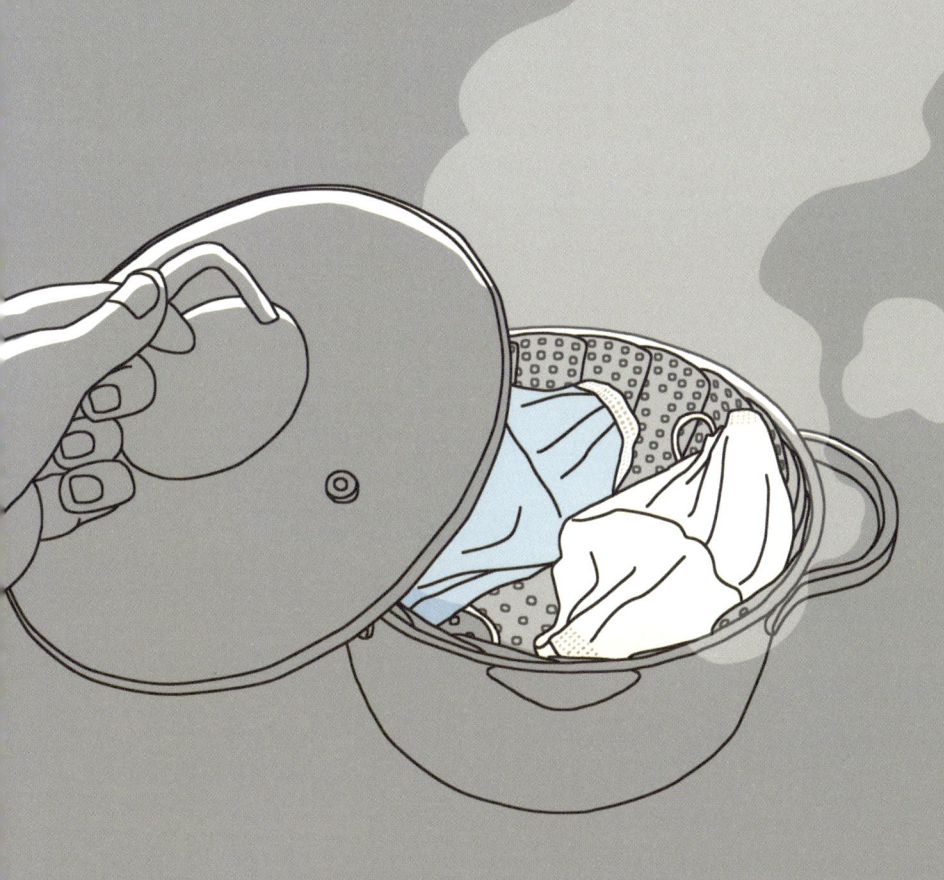

그렇게 사용한 마스크는 한 곳에 모아
두고 주말이 되면 찜기에 소독을 한 뒤
햇빛에 건조시킵니다.

이렇게 한 서너 번 사용하나?
여러분도 한번 도전해 보시는 건 어때요?

흙을 가까이

장을 봤던 식재료들이 온전히 우리의 몸 안으로 들어오는 건 아니에요.
바쁘고 지친 일상을 보내다 보면 감자는 몇 개 못 먹었는데
이미 보라색 싹이 났고… 호박은 냉장고에서 썩어 가고, 양파는 무르고…
결국 "차라리 사 먹는게 나아."라는 생각이 들기도 하죠.
제 경우 감자가 싹이 나면 바로 옥상 텃밭 화분에 심어요.
그 후로 매일 물을 주면 어느 날 작은 감자들이 주렁주렁
열리더라고요. 그럴 때마다 영화 「마션」의 주인공이 된 듯합니다.

파도 그래요. 보통 1인 가구들은 파 한 단을 해결하기 어려우니
손질이 다 되어 포장된 마트 제품을 구매하는 경우가 많죠.
저는 대파 한 단을 구입해 그날 먹을 것을 다듬고
나머지들은 바로 흙에 심어 놓아요.
그러면 알아서 흙에 정착하고 신선도 유지를 하며 삽니다.
파 흰 부분 중간 어디쯤을 잘라 사용해도
파는 다시 자란답니다. 한때 대파 값이 너무 올라 '파테크'가 유행하기도
했죠? 일찍이 저에겐 습관이 된 일이라 유행하는 현상이 신기하고
반갑기도 했습니다.

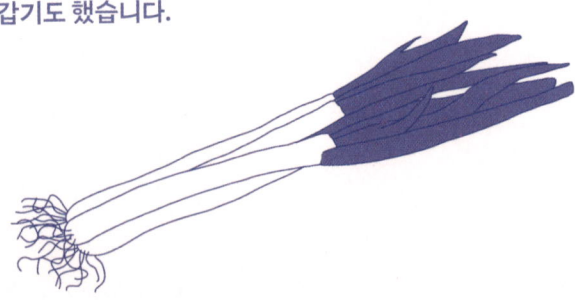

집에서 못 쓰는 플라스틱 용기나 페트병에 흙을 담아 이런 경험을
가져 보는 건 어떨까요? 좀 번거롭긴 합니다.
해마다 새로운 흙으로 갈아 줘야 하거든요.
그래서 전 미생물을 활용한 음식물 처리기를 장만하려고 합니다.
음식물 쓰레기도 줄이고 새로운 흙을 보충해 줄 수 있으니까요.
저는 '순환'이라는 단어를 좋아해요.
자연스럽게 순환되는 것이 바로 바로 '자연'이 아닌가 싶어요.

맥주와 물티슈

#사두면 #괜히
#습관적으로 #마시고

#사두면 #괜히

#습관적으로 #뽑아 쓰고

#없으면 #안 마시고

#안 쓴다 #이것은 #진리

오메가3

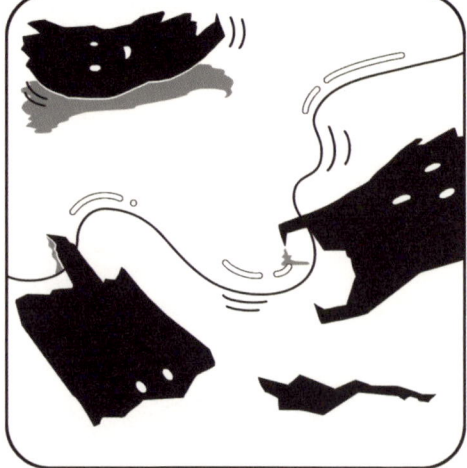

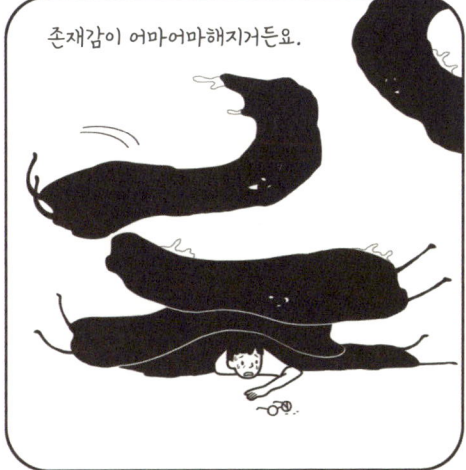
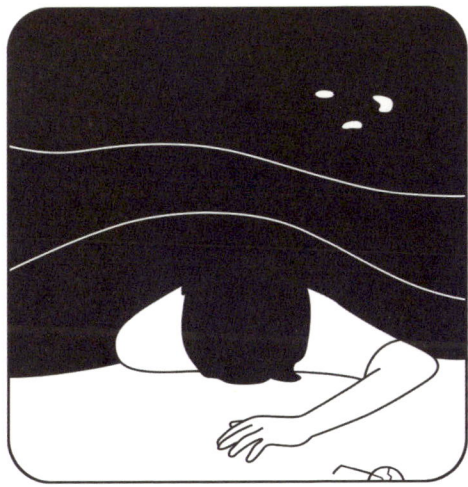
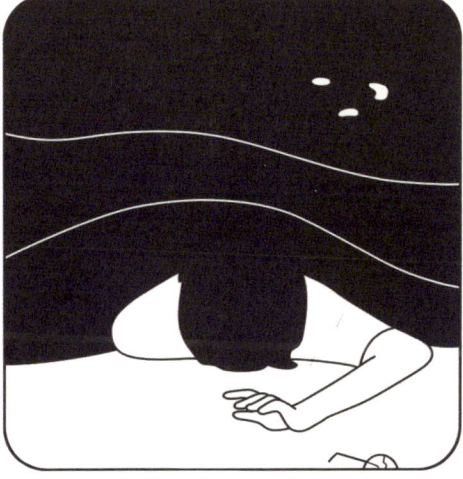

물티슈

'과거의 나'를 돌아보면 부끄러운 점이 한두 가지가 아닙니다.
몇 년 전까지 물티슈를 한 박스씩 사서 쟁여 두고,
작업 테이블마다 하나씩 배치해 이리저리 쓰고 살았더랬죠.
쉽고 편하죠. 쓰윽 뽑아서 쓱 닦고 휴지통에 버리면 끝!
한~참을 쓰다 보니 테이블을 닦고 있는
요 녀석이 펄프는 아닐 거란 생각이 들었죠.
역시나 플라스틱 화학섬유인 '폴리에스터'. 일회용 빨대보다
더 많은 플라스틱을 함유하고 있었죠.
이후 더 이상 물티슈를 사는 일은 없어요. 대신 걸레를 사용
하거나 급할 경우 휴지에 물을 적셔 사용하곤 합니다.

식당에 가면 물티슈를 제공하는 곳이 있는데,
그럴 때마다 주머니에 넣어 집으로 가져와 모셔 둡니다.
정말 필요한 상황에 사용하기도 하지만, 주 목적은
창틀을 닦는 데 있죠. 나의 피콕 님이 정갈한 창틀 사이에
스윽 발을 끼워 넣고 창밖을 맘 편히 관람하셨으면 하는 게
그 이유랍니다. 제 착각일지 모르겠지만 피콕은 언제나
창틀 상태를 확인하고 발을 놓는 것 같아서요.
휴지에 물을 적셔 사용기도 하지만 닦다 보면 휴지가
부서지고 흩어져서 뒷수습이 종종 난감했답니다.

지금까지 물티슈를 써 오셨던 분이라면 조금은
불편하시더라도 덜 쓰도록 노력해 보는 건 어떨까요?
아! 중요한 사실 하나! 물티슈를 변기에 버리면 안 된다고 해요.
물티슈를 변기에 버리면 하수관의 흐름을 방해해
막힘과 하수 역류, 악취 등을 유발한대요. 생분해 가능한
물티슈라도 하수처리장으로 가는 동안에는
분해가 일어나지 않으니 절대로 버리면 안 된다고 합니다.

히어로즈

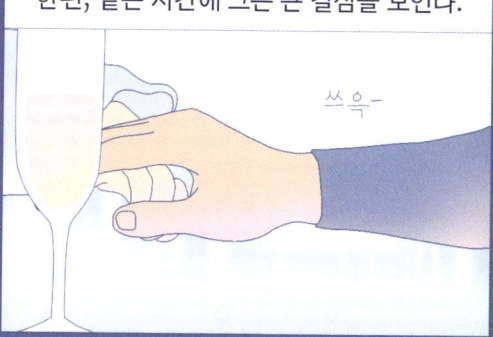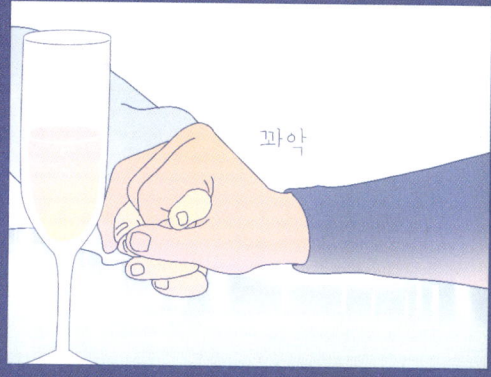

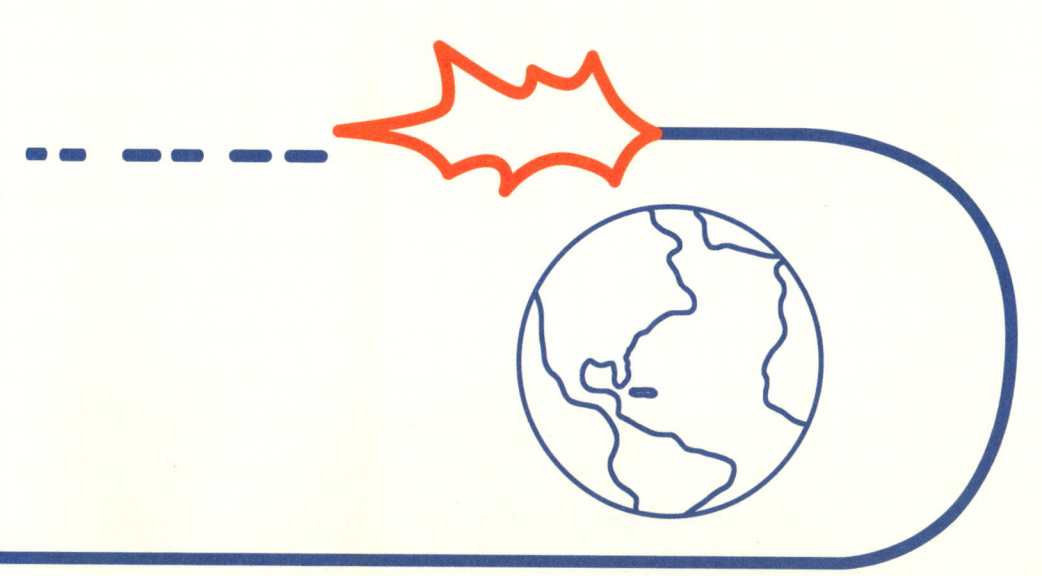

말 그대로입니다.
지구 온도 상승이 1.5도 임계점을 넘어
2도, 3도 올라간다 해도 지구는 멸망하지 않아요.
지구에 사는 생명 개체수가 줄고 그중에 인간도
살아남지 못할 테죠. 별 수 있겠어요?
지구가 아닌 인간이 멸망하는 겁니다.

모든 생명체가 사라지고 몇만 년 지나
다시 바퀴벌레부터 시작하려나?

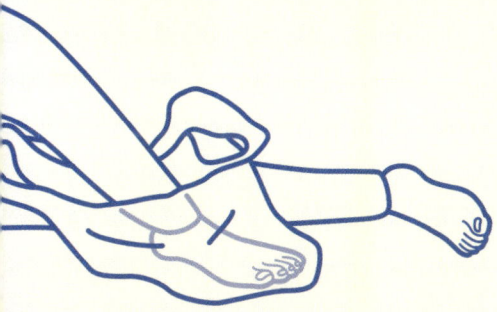

지구를 노래해

지구 레코드

지구를 줄게
지구의 바깥
내 지구에 주단을 깔고
세상이 지구를 속일지라도
그건 아마 지구의 잘못은 아닐거야
흔들리는 지구 속에서 네 삼푸 향이 느껴진 거야
뜨거운 지구는 가고 남은 건 볼품없지만
Your Dog Loves the Earth
사랑은 지구 다방에서
뜨거운 지구
지구 레코드(?)

outro

어제보다 더
의미 있는 오늘

연남동 집과 동교동 작업실은 경의선 숲길이 이어줍니다. 작업실에 거의 다다르면 숲길 뒤쪽의 좁은 골목을 거치게 됩니다. 10년 가까이 오가던 이 길은 저에게 익숙해질 대로 익숙해진 공간이죠. 날마다 길목에 앉아 저의 인사를 받아 주셨던 꼬부랑 할머니는 언제부터인지 보이지 않으시고 기울어져 가던 오랜 가정집 건물들은 경의선 숲길이 생기면서 새로운 주인을 만나 상업 용도의 건물로 변했습니다. 와우교 다리 아래 작은 굴길은 남몰래 도둑그림과 낙서질을 하고 도망간 자들과, 이들이 남긴 흉측한 낙서를 공룡의 피부 질감을 연상케 하는 탁한 회색 빛 페인트로 덮어 놓은 마포구청과의 보이지 않는 싸움이 존재하는 곳이기도 합니다.

다른 골목보다 더 특별하지도 않을 이 골목을 걷다 보면 와우교 위에서 보이는 이 좁은 골목을 카메라에 담는 사람들을 발견하곤 합니다. 그럼 저도 그들을 보게 되죠. 무엇을 담고 싶은 걸까? 무엇때문에 동했을까? 그럴 때마다 궁금함을 가슴에 안고 작업실 계단을 오릅니다.

저의 일상도 특별할 것 없고 보잘 것 없습니다.
하루치 일한 만큼 그 노동의 대가를 받고 집안 경제에 항상 근심 걱정하며 타인에게 상처를 받아 혼자 끙끙 앓다 가도 타인에게 상처를 줬던 경험이나 기억으로 부끄러워하기도 합니다. 다른 사람들과 크게 다를 바 없는 제

일상을 기록하면서 독자분들께 무엇을 어떻게 보여 드려야 할지
많은 시간을 고민했습니다.

문득 와우교에서 바라보는 좁은 골목이 머리 속에 떠오르더군요.
저에게 익숙해진 이 공간이 누군가에겐 가던 길을 멈추고 바라볼 만한
그림일수도 있겠다는 생각을 했습니다.

이 책에서 다루는 수다들은 미력하게나마 지구 공존을 위해 지속적으로
실천하려는 저의 일상 기록물입니다. 누구보다 도덕적으로 우위에 있다는
생각은 해 본 적 없습니다. 단지 사랑하는 짝꿍과 자식 같은 고양이,
그리고 오랜 시간 같이 살아온 반려 식물들과 함께 좁은 집에서 작은 자연을
형성하며 살고, 타인과 자연에 무해하고자 노력하는 지극히 보통의 삶을
기록했습니다.

저는 채식을 즐기지만 비건도 아니고 집에는 플라스틱 제품들도 있습니다.
부족한 면도 당연히 많습니다. 하지만 어제보단 더 의미 있는
오늘을 위해 노력 중이고 이 책을 준비하면서
책임의 무게는 더 무거워졌습니다.

페이지를 넘기시는 독자분들 모두
관심과 실천 의지가 더욱
선명해졌으면 하는 바람입니다.

— 지구 멸망 전 하루치 드림

지구를 위해 모두가 채식할 수는 없지만

1판 1쇄 펴냄 2022년 2월 17일
1판 2쇄 펴냄 2022년 11월 17일

지은이 | 하루치
발행인 | 박근섭
펴낸곳 | 판미동

출판등록 | 2009. 10. 8 (제2009-000273호)
주소 | 06027 서울 강남구 도산대로 1길 62 강남출판문화센터 5층
전화 | 영업부 515-2000 편집부 3446-8774 팩시밀리 515-2007
홈페이지 | panmidong.minumsa.com

도서 파본 등의 이유로 반송이 필요할 경우에는 구매처에서 교환하시고
출판사 교환이 필요할 경우에는 아래 주소로 반송 사유를 적어 도서와 함께 보내주세요.
06027 서울 강남구 도산대로 1길 62 강남출판문화센터 6층 민음인 마케팅부

ⓒ 하루치, 2022. Printed in Seoul, Korea
ISBN 979-11-7052-087-0 03810

판미동은 민음사 출판 그룹의 브랜드입니다.